Trixi von Bülow

101 Dinge, die man tun kann, um eine Frau glücklich zu machen

Ehrenwirth

Ehrenwirth in der Verlagsgruppe Lübbe
Originalausgabe

Satz:
Bosbach Kommunikation & Design GmbH, Köln
Gesetzt aus der Apollo
Druck und Einband: Friedrich Pustet, Regensburg

Printed in Germany
ISBN 978-3-431-03730-2

5 4 3 2

Sie finden uns im Internet unter: *www.luebbe.de*

Für Julius, der fragte »Magst du einen Kaffee?«
und immer ein offenes Ohr für mich hatte.
Für Ruben, der schon jetzt ein kleiner Rosenkavalier ist.

Und für Giovanni d'Oro, den Mann meines Herzens,
der mehr als 101 Dinge tut, um seine Frau glücklich zu
machen. Grazie.

Ein Wort vorweg an den interessierten Mann, der dieses Buch in Händen hält (und die kluge Frau, die es ihm geschenkt hat …)

Natürlich gibt es einen guten Grund, warum ich dieses Buch schreibe.

Es ist Mitleid.

Mitleid mit all den Männern, die sich Tag für Tag (und Nacht für Nacht) abstrampeln, um es ihren Frauen recht zu machen – und doch so oft Lichtjahre danebenliegen. Was dann aufseiten der Männer irgendwann zu der völlig absurden These führt, dass man Frauen einfach *gar nichts* recht machen kann.

Mitleid aber auch mit all den Frauen, die sich immer wieder über ihre Männer beschweren (müssen), weil diese Dinge tun, die sie besser lassen sollten, und Dinge lassen, die sie besser tun sollten.

Dabei könnte alles so einfach sein!

Ich weiß, das klingt jetzt unglaublich, aber – hey! – es ist wirklich *so* leicht, eine Frau glücklich zu machen! Und ich *weiß*, wovon ich rede, denn ich *bin* eine Frau. Wäre ich ein *Mann* (tja, manchmal echt schade, dass ich keiner bin!), könnte ich jede Frau haben und beglücken.

Es ist doch so: Man muss nicht wahnsinnig reich sein oder supergut aussehen, um eine Frau zu beeindrucken.

Man muss auch keinen Sportwagen fahren oder ständig gute Laune haben, um bei der Liebsten zu punkten. Man muss nicht mal die Teller in die Spülmaschine räumen oder Klavier spielen können, obwohl das im Zweifelsfalle nicht verkehrt ist.

Es gibt – so unglaublich das jetzt klingen mag – wirklich nur ein paar wenige Dinge, die man tun muss, um das Herz einer Frau höher schlagen zu lassen. Um ihre Liebe zu gewinnen und – zu behalten.

Es sind – und jetzt kommt die gute Nachricht! – *einfache* Dinge. Dinge, die wirklich *jeder* Mann begreift und hinkriegt.

Mit anderen Worten: Mit kleinem Einsatz großer Erfolg.

Klingt gut, ist auch gut. Kein Lamento mehr, kein Gemecker, keine Tränen. Stattdessen: Himmlische Ruhe. Paradiesische Zustände. Und lauter glückliche Gesichter! Und zwar auf beiden Seiten.

Denn eins ist ja wohl mal klar: Hinter jeder glücklichen Frau steht ein glücklicher Mann. Oder – um es einfacher auszudrücken: Ist die Frau glücklich, freut sich der Mann.

Alles andere ist auf Dauer von Übel.

Und das ist der zweite Grund, warum ich dieses Buch schreibe: Die berechtigte Hoffnung darauf, dass alles besser wird!

Also – es gibt doch nun wirklich schon genug blöde Typen, die ihre Frauen unglücklich machen. Willst du etwa auch so einer sein? Nein, natürlich nicht! Werde du – ja, DU! – einer von diesen großartigen Männern, die ihre Frauen glücklich machen! Werde Märchenprinz in 60 Minuten!

Alles, was du (zunächst) dafür tun musst, ist dieses kleine Buch zu lesen.

Also – schlag auf! Spiel, Satz und Sieg!

Frauen sind gar nicht so schwierig.

Das wissen alle Frauen, doch bedauerlicherweise nur wenige Männer. Aber die wenigen Männer, die es begriffen haben, werden wie Helden gefeiert und in Liedern besungen. Sie machen Frauen glücklich und haben darum logischerweise auch Glück bei den Frauen. Sie brechen die stolzesten Herzen – und die Damen liegen ihnen zu Füßen, sind nachsichtig und verzeihen ihnen (fast) alles.

Und da fragt man sich doch als netter Normal-Mann manchmal irritiert: »Was hat der, was ich nicht habe?« Oder besser gesagt: »Was weiß der, was ich nicht weiß?«

Ich will es dir verraten:

Das Geheimnis des Frauenbeglückers liegt darin, dass er ganz gemütlich die wenigen Dinge macht, die für Frauen zählen, und die vielen Dinge weglässt, die sowieso keine Rolle spielen. Und noch etwas: Kein Frauenbeglücker würde je ernsthaft seine Energie darauf verschwenden, seine Angebetete *verstehen* zu wollen.

Machen wir uns nichts vor:

Frauen zu verstehen ist so gut wie unmöglich!

Fairerweise sollte an dieser Stelle mal gesagt werden, dass Frauen sich oft genug selbst nicht begreifen. Vielleicht *wollen* sie auch gar nicht bis in die tiefsten Tiefen ihres Seins verstanden werden. Eins steht jedenfalls fest: Wenn man mitkriegt, wie spöttisch, ja despektierlich eine Frau werden kann, wenn sie über einen Mann sagt, der sei »auch so ein Frauenversteher«, wird einem schnell klar, dass im »Verstehen« offenbar nicht der Weg zum Heil liegt. Schon Oscar Wilde hat gesagt: Eine Frau will nicht verstanden, ein Frau will geliebt werden. Wo er recht hat, hat er recht.

Wir halten also mit Erleichterung fest:

Kein Mann muss eine Frau verstehen, um sie glücklich zu machen.

Er muss nur die richtigen Dinge sagen und tun. Dinge, die ihr das Gefühl geben, geliebt zu werden. Das reicht doch schon. Mehr wollen Frauen gar nicht.

Also, mein ferner Freund – sei nicht dumm! Willst du den anderen das Feld überlassen? Hey – wo bleibt dein Kampfgeist? In jedem Manne steckt ein Bel ami. Das hier ist deine persönliche Superchance. Nutze sie!

In diesem nützlichen kleinen Buch findest du die entscheidenden 101 Dinge, die du tun kannst, um eine Frau glücklich zu machen. Vom ersten Date bis zum letzten »Ich liebe dich!«. Beim Schenken, beim Trösten, beim Fragen, beim Tragen, im Bett, im Freien, zu zweit, zu dritt, zu viert – und überhaupt.

Wenn du nur ein paar von diesen Dingen beherzigst, bist du auf einem fantastischen Weg.

Wenn du die Hälfte auf die Reihe kriegst, liegst du Millionen Lichtjahre über dem deutschen Durchschnittsmann.

Und wenn du gar alles … also … *alles* machst, dann … *wow*!!!

Dann … BIST DU DER KÖNIG!

Und nun wünsche ich dir gutes Gelingen. Du wirst staunen, wie einfach alles ist.

Werde also glücklich mit deiner Liebsten, und vergiss nicht, dass dieser Ratgeber dein Freund auf immer ist.

Und noch etwas darfst du nie vergessen (bitte, versprich mir das!):

Im tiefsten Grunde ihres Herzens ist jede Frau eine Prinzessin.

Auch deine!

1. Lad sie zum Essen ein

Okay – das klingt jetzt erst mal einfach. Ein Klassiker. Aber du solltest wissen, dass du gerade beim ersten Date viel falsch machen kannst. So viel, dass es dann für dich vielleicht gar kein zweites Treffen mehr geben wird. Und das wär doch jammerschade, oder?

Ganz wichtig ist:

2. Wähl DU das Restaurant aus

Mal ehrlich – soll deine Angebetete dir gleich beim ersten Mal sagen müssen, wo's langgeht? Glaub mir, das wirft kein gutes Licht auf dich. Ein Mann muss was entscheiden können – und zwar allein. Außerdem ist sie doch schon total gespannt, wohin du sie führen wirst.

Ist es »dein kleiner Italiener«? Der Gourmet-Tempel im Schlosshotel? Oder die Abhängkneipe »Zum strammen Max«, wo man so richtig gut chillen kann? Alles ist gut, solange du dich nicht mit ihr an der Ecke Ehrenstraße triffst, um sie dann zu fragen: »Na, wo sollen wir denn jetzt hingehen?« Das wär ein schlechter Start. Später wird sie dir schon ganz von selbst sagen, wo *sie* gern hin möchte. Beim ersten Mal aber darfst du bestimmen. Also tu's auch!

3. Halte ihr die Tür auf, und hilf ihr aus dem Mantel

Jetzt vergiss mal alles, was du über Emanzipation gehört hast. Meinst du wirklich, irgendeiner Frau, die sich potenziell in dich verlieben soll, würde es gefallen, wenn du ihr die Tür ins Gesicht fallen lässt? Das ist nicht cool, das ist nicht locker, sondern einfach nur nachlässig in des Wortes schlechtester Bedeutung. Wenn du aber auf diese Dinge achtest, vermittelst du deiner Angebeteten auch das Gefühl, dass du ihr die nötige Aufmerksamkeit entgegenbringst. »Was mitkriegen!« lautet die Zauberformel. Das fängt schon bei kleinen Dingen an: Du machst also die schwere Restauranttür auf und peilst erst mal die Lage, bevor du die Dame deines Herzens durchwinkst. Und wenn kein Kellner kommt, hilfst *du* ihr natürlich aus dem Mantel.

Also – mir ist noch nie zu Ohren gekommen, dass sich eine Frau darüber beschwert hätte, dass ein Mann ihr den Mantel abgenommen hat. Was kann schlimmstenfalls passieren? Dass sie sagt: »Danke, das mach ich selbst?« Na also!

4. Gib ihr den Platz mit dem schönen Blick

Oh ja! Das wird im Eifer des Gefechts gern vergessen, aber daran erkennt man den wahren Gentleman. Was heißt Gentleman? Überleg doch mal selbst. Klar ist es schöner, den Blick ins Restaurant zu haben und all die Leute angucken zu können, als stumpfsinnig gegen eine Wand oder auf das H der Herrentoilette zu starren. Frauen wollen was sehen – und im Übrigen auch gesehen werden. Außerdem legst du ihr mit dem schöneren Blick auch ein Stück deiner Welt zu Füßen, du Ritter!

5. Sag ihr, wie bezaubernd sie aussieht

Glaub mir, das ist neben »Mann, ist das schön, dich zu sehen« der beste Evening-Opener, den du finden kannst. Und so viel charmanter als »Was willst du essen?« oder »Da wären wir also!«. *Natürlich* sieht sie bezaubernd aus und möchte das jetzt auch gerne von dir hören – denn erstens stand sie stundenlang vor dem Spiegel und hat sich für dich hübsch gemacht, und zweitens *ist* sie einfach bezaubernd – warum sonst wolltest du mit ihr essen gehen? Weil du sie zu dünn findest? Eben.

6. Stell ihr mindestens drei Fragen

Männer, die nur von sich reden (zum Beispiel darüber, wie toll sie sind, wie großartig im Job, wie fantastisch im Bett und wie wahnsinnig viel Kohle sie haben), kommen bei Frauen genauso wenig an wie Männer, die pausenlos vor sich hin schweigen.

Also, signalisiere Interesse, und frag *sie* … nach ihrer Familie, ihren Freundinnen, nach ihrem Beruf, ihrem Lieblingsbuch, ihrer Lieblingsstadt, nach dem letzten Kinofilm, in dem sie gewesen ist, und in welches Konzert sie gern gehen würde. Wenn du mutig bist, kannst du auch fragen: »Bist du eigentlich glücklich?« Aber dann bist du gleich mittendrin, und das Gespräch kann unter Umständen substantieller werden, als es dir im Moment vielleicht lieb ist.

Folgende Fragen solltest du nicht beim ersten Date stellen und eigentlich auch besser nie:

a) Wer war eigentlich diese tolle Frau, die auf Elmars Party mit dir an der Bar stand?
b) Du siehst verändert aus – hast du zugenommen?

c) Und – wie viele Männer hattest du denn so?

d) Zahlst du schon mal?

7. Gib ihr Feuer

Eigentlich unglaublich, dass man das sagen muss, aber die Erfahrung zeigt, dass viele Männer hier einfach nicht auf Zack sind. Dabei ist doch nichts so prickelnd wie der Moment, in dem man einer Frau Feuer gibt – und damit die Möglichkeit nutzt, ihr für einen Augenblick ganz nahe zu kommen.

Sei also schlau, und hab immer ein paar Streichhölzer dabei oder ein Feuerzeug, auch wenn du nicht rauchst.

Es soll schon vorgekommen sein, dass der Herr am Nebentisch schneller war und am Ende des Abends auch derjenige, der die schöne Raucherin nach Hause begleitete …

Und das wollen wir doch beide nicht, oder?

8. Rede nicht stundenlang von deiner letzten Beziehung

Keine Frau interessiert sich an dieser Stelle im Ernst für Klara, Sara oder Brigitte oder wie auch immer deine Verflossenen hießen. Wir gucken doch jetzt, bitte schön, nach vorn! In eine strahlende Zukunft. Und da ist erst mal nur für zwei Leute Platz. Mach die Frau, deren Herz du erobern willst, also nicht zu deiner Therapeutin oder zur Müllhalde für deinen unbewältigten Problemabfall. Dafür gibt es beste Freunde oder – wenn du so etwas hast – eine beste Freundin. Auch wenn Frauen in der Regel mitfühlende Geschöpfe sind – nichts ist abtörnender als das Gefühl, dass du deiner Ex immer noch hinterhertrauerst und alle SMS von ihr gespeichert hast.

Fehl am Platz sind auch melancholische Einbrüche, die womöglich in der Erkenntnis enden, dass die Liebe so vergänglich ist wie der Zucker, den du gerade in deinen Latte macchiato rieseln lässt.

Mal ehrlich – wo soll das hinführen, wenn du so was sagst? Nicht in ihr Bett und nicht in ihr Herz. Allenfalls in deine Wohnung, wo du dir dann Georges Moustakis alte Scheibe »*Non, je ne suis jamais seul – avec ma solitude*« anhören kannst. Und zwar allein.

9. Nimm ihre Hand

Du weißt schon – erst die Hand und dann das Herz! Einer von euch muss ja den Anfang machen. Und das solltest du sein. Nichts ist romantischer als dieses erste Händchenhalten.

Aber bitte! Mach dich nicht zum menschlichen Schraubstock! Du musst ihr nicht gleich die Finger brechen, um ihr deine Zuneigung zu beweisen. Ich rede hier von einer flüchtigen Berührung, mit der du erst mal antestest, wo du stehst.

Zieht sie ihre Hand etwa weg? Vorsicht – schlechtes Zeichen! Dann hast du ihre Sympathie noch nicht so ganz und musst weiter um Vertrauen werben. Tja, alter Freund, und ich sag's nicht gern, aber wenn du Pech hast, hatte sie einfach nur Hunger oder wollte mal raus aus ihrer Zwei-Zimmer-Wohnung ohne Balkon und ist deswegen mit dir essen gegangen. Oder leidest du unter Handschweiß? Dann wisch dir die Hände unauffällig an der Serviette ab, und versuch es nach zehn Minuten noch einmal.

Wenn sie die Hand liegen lässt, stehen dir alle Türen offen. Also mach jetzt keinen Fehler! Deswegen:

10. Zahl die Rechnung, OHNE sie zu kommentieren

Wenn du ein echter Könner bist, lässt du die Frage »Zusammen oder getrennt« gar nicht erst aufkommen. Erspare ihr diesen kleinen, peinlichen Moment, indem du unmissverständlich klarmachst, dass du derjenige bist, der einlädt. Glaub mir, keine Frau fühlt sich wohl, wenn man anfängt, die Rechnung aufzuteilen. Sparen kannst du überall sonst – hier nicht! Eine Prinzessin zahlt nie selbst – schon vergessen?

Und jetzt verrate ich dir noch etwas, was sie zwar nicht kommentieren, aber sehr wohl positiv zur Kenntnis nehmen wird: Rede um Gottes willen nicht stundenlang über die Rechnung. Sag nicht, dass es aber billig ist, dass es aber teuer ist, dass der Euro die Preise kaputtgemacht hat und dass die Rechnung ja wohl nicht stimmen kann.

Willst du, dass sie denkt, dass du ein Sparefroh und Knauser bist? Hey – du bist ein Mann von Welt. Du bist großzügig. Du bist klug. Du schweigst und zahlst.

11. Sag ihr: Das kommt nicht in Frage, dass du allein durch die Nacht gehst

Mit anderen Worten: Auch wenn deine Angebetete eine erklärte Amazone ist, die sich mit Pfefferspray bewaffnet hat – du bist heute Abend ihr Begleiter und Beschützer! Wenn du ihr Held sein willst, musst du dich auch so benehmen. Also merke: Kein Weg ist dir zu weit oder zu unbequem, und du gehst meilenweit – nein, nicht für eine Zigarette, sondern für eine solche Frau! Begleite sie (ohne aufdringlich zu werden) bis nach Hause vor die Tür! Wahlweise: bis vor die Autotür! Auch wenn es mittlerweile Frauenparkplätze gibt – dunkle Parkhäuser sind kein guter Ort für unbemannte Frauen.

12. Häng ihr deine Jacke um, wenn sie friert

Erstens ist eine vor Kälte schnatternde Frau romantischen Aktionen gegenüber nicht gerade aufgeschlossen. Zweitens kannst du hier aufs Schönste beweisen, dass du – im Gegensatz zu vielen anderen Männern – in der Lage bist, *wahrzunehmen*, was mit ihr los ist (»Ist dir kalt?«), und sogar noch einen draufsetzen, indem du Abhilfe schaffst (»Dir ist ja ganz kalt. Komm, nimm meine Jacke«). Früher schmissen die Westernhelden ihre Jacken in den Matsch, damit die Frauen trockenen Fußes aus der Kutsche steigen und über die Pfütze spazieren konnten. Und du brauchst ihr deine Jacke nur umzuhängen und signalisierst damit schon, dass sie von dir zwei Dinge bekommt: Wärme und Fürsorge. Nicht schlecht für den Anfang!

13. Zieh sie mit Blicken aus

Hey – ich sagte: Mit Blicken!

Das wird sie anmachen und ihr gleichzeitig das Gefühl geben, dass du sie wertschätzt, obwohl du total scharf auf sie bist.

Es wird ihr schmeicheln und sie ein ganz kleines bisschen verunsichern, gerade so viel, dass sie es kaum erwarten kann, dich wiederzusehen.

14. Sag ihr, dass du in ihren Augen ertrinkst …

Die Augen sind der Spiegel der Seele, und du, mein Freund, bist ein Poet! Wenn du es noch nicht wusstest, sage ich es dir jetzt: Frauen verlieben sich mit den Ohren. Sie sind geradezu süchtig nach schönen Worten. Sei nicht dumm und nutze das! In diesem Moment glaubt sie dir alles! Und mit diesem einen Satz sagst du ihr, dass es nur noch sie und dich gibt. Du möchtest in den See ihrer Augen eintauchen und unter uns – nicht nur in den.

Doch auch für die romantischste Frau müssen irgendwann auf Worte Taten folgen. Der Zeitpunkt ist gekommen, scheint mir, also …

15. Küsse sie sanft, aber bestimmt

Auch wenn du der leidenschaftlichste Don Juan der Stadt bist, geh erst mal vorsichtig ran. Vorsichtig heißt allerdings nicht zögerlich. Nichts schlimmer als so ein fakultatives Gepimpere.

Mit anderen Worten: Überfalle sie weder gleich mit feuchten Küssen im Grand-Canyon-Stil (das macht ihr Dobermann besser!), noch lass sie stundenlang nach deiner Zunge suchen (äh … hast du eine?).

Du weißt schon – der goldene Mittelweg. Und dann langsam steigern … Ganz wichtig – dein Kuss sollte vor allem eines sein: eindeutig.

16. Dreh dich noch einmal um, und winke ihr zu

Sie schaut dir nämlich unter Garantie hinterher, und wenn du eine Frau hast, die an Zeichen glaubt (und glaub mir, sie tun es ALLE), hat sie vielleicht gerade gedacht: Wenn er sich jetzt nochmal umdreht, dann wird das was mit uns beiden …

Gut, es soll afrikanische Stämme geben, da geht man einfach weg, ohne sich umzudrehen, und auch das Winken ist unbekannt, aber ich nehme jetzt einfach mal an, dass du in neunundneunzig Prozent der Fälle kein Samburu-Krieger bist, der auszieht, um den Löwen zu erlegen. Du bist auch nicht auf der Flucht vor der Schwarzen Mamba. Sondern ein weißer Mann mit einem starken Love-Interest. Oder wovon reden wir hier? Winke ihr zu, und sende elektromagnetische Wellen aus, die ihr sagen: *Je reviens!* Ich komme wieder … Doch, das kannst du!

17. Ruf sie am nächsten Morgen an

Eigentlich sollte das selbstverständlich sein, aber meine Recherchen haben ergeben, dass Männer aus irgendeinem Grund, den wir Frauen überhaupt nicht verstehen, den Griff zum Hörer einfach nicht schaffen. Das führt dazu, dass Millionen von Frauen am Tag »danach« das Telefon umschleichen wie die Katze die Maus. Da werden Anschlüsse auf ihre Funktionstüchtigkeit überprüft, stundenlange Freundinnenberatungsgespräche finden statt, und je mehr Zeit verstreicht, desto größer wird der Aufruhr der weiblichen Gefühle. Die Skala reicht von Verunsicherung über Verzweiflung bis zu verletztem Stolz, Beleidigtsein und kalter Wut.

Was bist du – nicht interessiert oder ein Sadist? Und wenn du interessiert bist, warum willst du deiner Traumfrau diesen Tort antun? Nur weil du selbst vielleicht gerade erst mal mit anderen Dingen beschäftigt bist? Weil für dich alles klar ist? Was heißt hier klar? Für eine Frau ist nie was klar. Weißt du eigentlich, dass es Frauenratgeber gibt, die besagen, dass man die Sache knicken kann, wenn ER sich nach drei Tagen noch nicht gemeldet hat? Und ist dir klar, dass es viele, sehr viele Frauen gibt, die diese Ratgeber lesen und befolgen? Möchtest du nächste Woche eine beleidigte Zicke am Telefon haben oder – schlimmer noch! – eine Furie, die dich frei nach Watzlawick ankeift: »Dann sag doch, dass du mich nicht sehen willst!«

Also, mein Freund – sei nett! Und sei klug! Lass deine Verehrteste nicht in der Warteschleife hängen. SIE kann dich nämlich nicht anrufen – das verbieten ihr der Stolz und sämtliche Freundinnen. Sie zu umwerben ist dein Job. Und sie anzurufen auch. Also überwinde die Schwerkraft, und schnapp dir den Hörer und dann …

18. Bedank dich für den schönen Abend

Mit deinem Dank wertest du das Ganze nämlich noch einmal um hundert Prozent auf. Die Sache ist doch die: DU hast sie eingeladen. DU hast ihr einen wunderschönen Abend bereitet, und dann bedankst DU dich auch noch bei IHR, obwohl es ja eigentlich umgekehrt sein müsste.

Also – das hat Klasse, Mann! Das ist die Logik, die Frauen verstehen. Du gibst ihr das Gefühl, die Königin von Saba zu sein, und es kostet dich keinen Cent. Wenn du mich fragst, ein guter Deal!

19. Frag sie, wann ihr euch wieder sehen könnt

Bis jetzt hast du alles richtig gemacht, Romeo. Nun kommt es darauf an, auch die richtige Frage zu stellen. »Wann sehen wir uns wieder?« ist zu diesem Zeitpunkt die wichtigste und richtigste Frage überhaupt! Komm bloß nicht auf die Idee, das Telefonat mit netten schwammigen Äußerungen wie »Na dann – bis bald mal wieder«, »Ich wünsch dir noch 'nen schönen Tag« oder gar einem fröhlichen »Mach's gut!« zu beenden.

Ich meine – war's das? Oder willst du, dass die Sache weitergeht? Dann gib ein starkes Signal aus der richtigen Richtung. Werde KONKRET! Frauen wollen wissen, wann das nächste Treffen ist. Frauen wollen planen können! Frauen sind erst dann beruhigt, wenn sie ein Kreuzchen in ihr Filofax machen können.

Dein pfundiges »Wir sehn uns!« kannst du einem Kumpel zurufen, ohne dass er das in den falschen Hals kriegt. Nicht einer Frau!

Und noch etwas – lass dich nicht täuschen! Manche Frauen machen sich gern etwas schwierig, wenn es um ein zweites Treffen geht. »Freitag? Äh ... Nein ... Freitag hab ich, glaub ich, schon was vor ...« Das heißt aber nicht, dass sie dich nicht brennend gerne sehen wollen. Sie möchten nur nicht wie das Aschenputtel rüberkommen, das immer Zeit hat, weil nie eingeladen. Manchmal erfinden Frauen sogar Verabredungen, um dir zu zeigen, wie begehrt sie sind. Und beschäftigt. Schließlich will man ja nicht in den Ruch kommen, eine Klette zu sein. Aber du durchschaust diese kleinen Manöver stillschweigend, lässt dich nicht entmutigen und bleibst am Ball. »Dann sehen wir uns eben Donnerstag«, sagst du. Und kannst sicher sein, dass SIE am anderen Ende der Leitung einen Luftsprung macht.

20. Geh mit ihr in Bridget Jones

Also, es ist doch so: Man kann nicht immer essen gehen. Das bringt einen nicht wirklich weiter. Und gleich ins Bett gehen kommt für so manche Prinzessin auch nicht infrage. Was also tun? Das Kino bietet hier seit Generationen eine wunderbare Zwischenlösung. Es ist öffentlich genug, dass man nicht alles machen kann, und doch privat genug, dass man fast alles machen kann, was Spaß macht – in der Regel jedenfalls bedeutend mehr als im Restaurant oder auf einer Party. Das Kino hat einen unschlagbaren Vorteil gegenüber allen anderen Orten: Es ist dort mindestens zwei Stunden dunkel (am dunkelsten übrigens in der letzten Reihe!). Man sitzt nebeneinander. Und mit dem richtigen Film kannst du sehr weit kommen.

Allerdings solltest du sofort alle Action-Filme, Horrorschinken und Problemstreifen mit Trinkern und zerrütteten Familien von deiner Liste streichen. Auch mit Dokus über die politische Vergangenheit des letzten amerikanischen Präsidenten und wahnsinnig erhellenden und interessanten Beiträgen zu Umweltverschmutzung, Naturkatastrophen und Ölverknappung wirst du das Herz einer Frau nicht rühren. Und der Charme von Zeichentrickfilmen ist begrenzt. Jetzt sind *romantic comedies* oder großes Gefühlskino an der Reihe. Also, auch wenn es nicht *precisely your cup of tea* ist – gib dir einen Ruck, und geh mit ihr in Filme wie *Bridget Jones, Tatsächlich Liebe, Schlaflos in Seattle, E-Mail für dich, Was das Herz begehrt, Titanic* oder *Stolz und Vorurteil*. Verliebte Frauen neigen dazu, nicht nur sich selbst mit der weiblichen Heldin des Films zu identifizieren, sie übertragen den männlichen Part oft genug auch auf den Mann, der neben ihnen sitzt und ihr Händchen hält – und das bist du!

Stell dir mal vor: Plötzlich bist DU George Clooney, Brad Pitt, Sean Connery oder Daniel Craig! Deswegen – und nur deswegen lasse ich bei den Action-Filmen doch eine Ausnahme gelten: James Bond!

21. Kauf ihr ein Eis

Warum nicht mal der Sugar-Daddy sein, der seinem süßen verwöhnten Mädchen ein Eis spendiert. Zeig ihr, dass du immer und überall in der Lage bist, für ihr leibliches Wohl zu sorgen. Auch wenn die Magnum-Reklame uns alle ein wenig nervt, Eis essen im Kino ist immer noch eins der sinnlichsten Vergnügen. Erst schleckt man am cremigen Eis herum, taucht seine Zunge ins süße Nass, und dann, einmal so sensuell eingestimmt, kommt man anschließend auf noch viel bessere Ideen …

Genau aus diesem Grund empfiehlt es sich auch nicht, deiner Lolita den 5-Liter-Popcorn-Eimer auf den Schoß zu setzen. Okay – der Knabber- und Knusperspaß ist unendlich, aber denk auch an dich! Erstens ist eine Eis essende Frau um so vieles erotischer als ein weibliches Krümelmonster, und zweitens, was tust du, wenn das Popcorn länger dauert als der Film?

22. Flüstere ihr ins Ohr, dass der Film nur ein Vorwand ist, um neben ihr zu sitzen

So ein Satz unterscheidet eben den Connaisseur vom Anfänger und macht dich zum *sexiest man alive*. Überwältigt und beflügelt von den Bildern der attraktiven Helden auf der Kinoleinwand, wird sie nicht nur das Geflüster an ihrer empfindlichen Ohrmuschel erregen, sondern die Tatsache, dass du deine Begehrlichkeiten zugibst. Damit machst du ihr auf unwiderstehliche Weise klar, *wie* scharf du auf sie bist. Und Frauen, die sich begehrt fühlen, sind äußerst willig …

Ich verspreche dir auch, dass sie dir nicht böse sein wird, wenn sie vor lauter Knabbern an ihrem Ohrläppchen und diesen langen aufregenden Küssen, die im Kino einfach so einmalig gut funktionieren, die Hälfte vom Film verpasst.

23. Mach mit ihr einen langen Spaziergang

Klingt auf den ersten Blick vielleicht nicht gerade aufregend, aber damit gewinnst du ihr Vertrauen. Und blickst eventuell auf den Grund ihrer Seele. Für Frauen sind Spaziergänge oft ideale Gelegenheiten, um Dinge zu fragen oder zu besprechen, die ihnen auf dem Herzen liegen. Alles fließt – und in der Fortbewegung ist deine Liebste oft mutiger, als wenn man sich *face to face* gegenübersitzt. Bei einem Spaziergang kann man auch ruhig mal ein wenig seinen Gedanken nachhängen oder diese in die richtige Reihenfolge bringen und muss nicht immerzu reden, weil man ja schon etwas zusammen macht – nämlich gehen.

Händchen haltend, sich umschlingend, küssend, im Sonnenschein, bei Vollmond, durch den Wald, am Fluss entlang, unter einem Regenschirm – es gibt viele Möglichkeiten für einen gelungenen Spaziergang.

Romantisch und entspannend wird ein Spaziergang allerdings nur dann sein, wenn du deiner Begleiterin vorher die Gelegenheit gibst, ihre High Heels gegen bequemeres Schuhwerk zu tauschen. Mit einer Blase am Fuß oder drückenden Schuhen, in denen man sich vorkommt wie Cinderellas hässliche Schwestern, ist jede Romantik zum Teufel! Es sei denn, deine Fee ist leicht wie eine Feder, und du, mein starker Bär, trägst sie den Rest des Wegs auf Händen.

24. Bring sie zum Lachen

Denn das ist schon die halbe Miete. Wusstest du, dass achtzig Prozent aller Frauen nur noch einen Mann nehmen würden, der sie zum Lachen bringt? Das rangiert auf der Beliebtheitsskala sogar noch weiter oben als gewisse andere … äh … Dinge, zu denen ein Mann eine Frau bringen kann. (Nun ja – das eine schließt das andere ja nicht aus). Du findest das vielleicht erstaunlich. Aber ich will dir mal eins sagen: Das Leben ist für Frauen heute schon anstrengend genug – und oft haben wir wahrlich nichts zu lachen. Dabei hat Lachen so etwas herrlich Befreiendes! Wer will schon einen Trauerkloß an seiner Seite. Oder einen Langweiler. Frauen jedenfalls nicht. Die halten es da schon mehr mit Ben & Jerry's »*When it's not fun, why do it?*«.

Also – lustig soll es sein. Aber wie bringt man eine Frau zum Lachen?

Nicht mit den Witzen, die ihr Jungs euch auf euren Herrenabenden erzählt. Auch Blondinenwitze sind nicht immer ein Brüller. Aber wenn du für sie in komischer Verrenkung den sterbenden Schwan tanzt, ein begnadeter Stimmen-Imitator bist oder auch mal von der Bananenschale erzählst, auf der DU ausgerutscht bist – also, *das* hat was!

Okay – falls alle Stricke reißen und deine Liebste keine Miene verzieht, kannst du immer noch fremdgehen und witzige Typen wie Woody Allen oder Louis de Funès bemühen. Gemeinsam lachen ist fast so schön wie gemeinsam zum Höhepunkt kommen. Wenn das auch nicht funktioniert, habe ich einen todsicheren Tipp: Guck mit ihr den alten Streifen *Is' was, Doc?* mit der unvergleichlichen Barbra Streisand und dem weltfremden Ryan O'Neill. Der lustigste Film aller Zeiten! Wenn sie dann immer noch nicht lacht, ruf mich an!

25. Schnitz ein Herz mit euren Initialen in den Baum

Das ist dir zu albern, sagst du? Kinderkram? Was soll das bringen? Soso! Wie kommt es dann aber – das frag ich DICH –, dass man überall in der westlichen Welt dieses gewisse Herz mit den zwei Anfangsbuchstaben findet?

Auf grünen Parkbänken, in düsteren Unterführungen, dubiosen Parkhäusern und dem Mauerwerk beliebter und berühmter Stätten leuchtet es uns entgegen und kündet von dem Wunsch, sich zu verewigen und zu zeigen: Nicht nur Romeo und Julia waren ein Liebespaar, nein, auch wir sind glücklich!

Dem Mann, der das begreift, kann man nur gratulieren!

Wenn du kein handwerklich geschickter Mensch bist, sondern eher ein Schreibtischtäter, kannst du natürlich auch mit einem dicken schwarzen Filzer ans Werk gehen (Richtung Mauerwerk), aber, glaub mir, es wird sie weitaus mehr beeindrucken, wenn du zum Beispiel bei einem Spaziergang (oder gar einem amourösen Picknick?!) lässig und gekonnt dein Schweizer Messer aus der Hosentasche ziehst und deine Liebe zu ihr für immer in den Baum schnitzt. *That seperates men from boys, you know!*

Also – falls du noch kein Schweizer Messer hast, kauf dir eins! Und dann frisch ans Werk. Oder bist du einer von denen, die eigentlich gern möchten, aber schon beim Köpfen des Frühstückseis Gefahr laufen, sich die Finger abzuschneiden?

Dann hab ich einen guten Tipp: Schnitz allein und in aller Ruhe, ohne dich zu blamieren, und führe deine Liebste nach vollbrachter Tat dann zu »eurem« Baum und sag: »Guck mal!«

Sie wird es dir nie vergessen!

Frauen im Liebeswahn entwickeln eine besondere Affinität zu Bäumen. Weißt du auch, warum? Weil Bäume erstens uralt werden, zweitens in den Himmel wachsen und drittens so unglaublich romantisch sind.

Nicht umsonst wurde der Song vom »Old Oak Tree«, dem alten Eichenbaum, ein Hit, der jedes Frauenherz zum Schmelzen brachte und der auch heute noch funktioniert.

Der Inhalt: Ein Mann kommt zurück und weiß nicht, ob seine Freundin von damals ihn noch liebt. Um sich nicht unnötig aufzudrängen oder zu blamieren, bittet er sie, ein gelbes Band um den alten Eichenbaum zu binden, falls er noch erwünscht ist.

Und was passiert, als er aus dem Bus aussteigt und zur Eiche geht? Ahnst du es schon?

100!!!, in Worten: HUNDERT!!! gelbe Bänder sind um den »Old Oak Tree« geschlungen!

Das machen Frauen, wenn sie lieben. Und jetzt, mein Freund, bist du dran!

26. Wähle einen romantischen Ort für das erste Mal

Eins musst du wissen, Casanova. Sie wird sich *immer* an euer erstes Mal erinnern. So sind Frauen. Und da ist es doch schöner, wenn es im Himmelbett eines Schlosshotels oder in deiner mit Kerzen sanft beleuchteten und mit Rosenblättern ausgelegten Wohnung stattgefunden hat als auf dem Seitenstreifen der A59 oder in der S-Bahnunterführung von Gräfelfing. Also – wie wichtig ist sie dir denn??? Ja, ich weiß, im Film sieht so was immer ganz sexy aus. Wer kennt nicht die einschlägigen Szenen aus Filmen wie *9 1/2 Wochen*. Aber erinnere dich bitte auch, wie das ausgegangen ist. Nicht gut, nämlich. In der Wirklichkeit sind solche *locations* oft nur feucht und unbequem. Und schließlich will man sich doch erst mal kennenlernen und erforschen. Mit Zeit und einem kleinen Champagner vorweg, oder? Im sanften Licht des Mondenscheins. Von mir aus auch an einem menschenleeren Strand, wobei man den nicht immer zur Hand hat. Hey, Mann – sie muss doch erst mal *locker* werden. Auch wenn das »erste Mal« schon lange hinter ihr liegt – das erste Mal mit einem neuen Mann ist *immer* aufregend – vor allem, wenn man sich so fürchterlich verliebt hat.

Eine schnelle Nummer hat zum rechten Zeitpunkt durchaus ihre Reize, aber die hebst du dir jetzt mal für später auf.

Im Zweifelsfall jedoch gilt: Leidenschaft vor Langzeitplanung!

Damit will ich sagen – es gibt Situationen, da führt eins zum anderen. Wenn es also mit einem Kuss vor ihrem Kühlschrank losgeht und ihr zwanzig Minuten später auf dem Wohnzimmerteppich landet, oder wenn der Schreibtisch im Büro unerwartet zum *locus amoenus* wird – dann lass den Dingen ihren Lauf, und ruf nicht stopp, nur weil du schon ein Zimmer im Ritz gebucht oder deine Wohnung auf Vordermann gebracht hast.

Ich kann dir zu deinem Glück nur noch wünschen, dass ihr Teppich hochflorig und deine Bürotür abschließbar ist.

Wenn sie dann noch im Altersheim verträumt vor sich hin kichert »Weißt du noch … vor dem Kühlschrank?«, ist das mindestens so schön wie die Erinnerung an eine Märchenkulisse.

Was ich damit sagen will: Es gibt romantische Plätze und leidenschaftliche Momente. Das eine kann man auswählen, das andere nicht. Also, tu, was du kannst, und tu, was du nicht lassen kannst. Dann wird alles gut!

27. Mach dich frisch

Auf besonderen Wunsch betroffener Frauen erwähne ich an dieser Stelle, und bevor es endgültig zur Sache geht, etwas, das eigentlich und selbstverständlich am *Anfang* jeder amourösen Begegnung stehen sollte: Körperpflege.

Sieh es mal so: Die Natur *hat* dich schon bevorzugt. Ich meine, du bist ein Mann und damit sozusagen naturschön. Welch ein Glück! Du brauchst dir keinen Kopf zu machen, ob du lieber den blassrosa Scarlett-Johannson-Schmollmund-Lippenstift aufträgst oder den knallroten Lipstick im Vamp-Style. Du musst dir weder die Haare eindrehen, noch Wimpern verlängernde Mascara auftragen. Das ist Weiberkram, okay. Keiner sagt, dass du dich *schön* machen sollst. Ich sage nur: Mach dich frisch!

Auch der männlichste aller Männer muss nicht so riechen wie die Umkleidekabine der 9a nach einer Doppelstunde Völkerball. Ein frisches Hemd und ein (dezenter!) Herrenduft sind einfach die bessere Wahl. Sehr ermutigend wäre es auch, wenn dein Mantel nicht nach den Bratkartoffeln von vorgestern riecht (man kann ihn prima auf dem Balkon lüften!), dein Bart nicht noch Reste des morgendlichen Spiegeleis in sich trägt (welche Frau möchte ein *Spiegelei* küssen?) und deine Fingernägel nicht die Spuren der letzten Ausgrabungsarbeiten aufweisen (bist du Archäologe? Gärtner? Totengräber?). Und glaub mir, Haare, die aus Ohren und Nase sprießen, waren vielleicht in Zeiten des Neandertalers der letzte Schrei – heute sind sie definitiv nicht der Look, den Frauen unwiderstehlich finden. Ansonsten gilt: Mit Pfefferminz bist du ihr Prinz!

28. Fang nicht damit an, dich auszuziehen, um sie dann zu fragen, worauf SIE denn wartet

Ich kann mir zwar eigentlich gar nicht vorstellen, dass DU so etwas überhaupt tun würdest – trotzdem möchte ich an dieser Stelle wirklich eindringlich und vorsorglich darauf hinweisen, dass es von sehr begrenztem Charme ist, eine Frau in ihren schönen Kleidern einfach so im Raum stehen zu lassen, um dann ganz ungebrochen damit anzufangen, sich seiner Klamotten zu entledigen. Das erzeugt nur Ratlosigkeit und Frustration. Glaub mir, bei einem galanten Abenteuer ist jede Arbeitsteilung fehl am Platz. Ich meine, was erwarten Männer, die sich so verhalten? Ich zieh meins aus, du ziehst deins aus, und dann geht's zur Sache?

Soll DAS der Gipfel der Verführungskunst sein?

Wo, bitte schön, bleibt denn da die WÜRDIGUNG des ganzen Aufwands, den Frauen in der Regel vorher betreiben?

Das tolle Outfit, die sexy Unterwäsche, die extra neu gekauften Halterlosen?

Diese wunderbare Frau, die sich sowieso schon stundenlang für dich schön gemacht hat, deren Kleiderschrankinhalt sich jetzt auf dem Bett in ihrer Wohnung türmt, die ihre beste Freundin tausendmal gefragt hat: »Was zieh ich nur an?!«, die sich deinetwegen in Unkosten gestürzt (weißt du, *wie* teuer Wolford-Strümpfe sind?!), die sich, mit anderen Worten, so viele Gedanken gemacht hat, die willst du jetzt verprellen?

Come on – das ist nicht dein Ernst!

Okay – wenn deine Freundin vom Schlag Kim Basinger ist, dich lächelnd ins Sofa zurückstupst, eine heiße Scheibe auflegt und dir den tollsten Strip aller Zeiten hinlegen will, bist du entschuldigt. Ansonsten möchte auch die selbstständigste Frau an dieser Stelle nicht beweisen (müssen), dass sie durchaus in der Lage ist, sich allein zu entkleiden. Für den charmanten Verführer gilt deshalb:

29. Zieh sie aus

Gut. Wenn ihr es beide kaum erwarten könnt, hat es auf jeden Fall viel Schönes, ihr die Kleider vom Leib zu reißen – echte Leidenschaft rechtfertigt jeden kaputten Strumpf oder abgerissenen Träger. In der Regel liegst du, gerade in den Anfängen einer Beziehung, jedoch nicht verkehrt, wenn du dir ein bisschen Zeit nimmst. *Doucement, mon ami, doucement!*

Zieh ihr *langsam* den Reißverschluss runter, küss sie in den Nacken, bewundere ihre Dessous oder Strümpfe, streich über ihren Rücken, sag ihr, dass sie gut riecht, liebkose ihre Sommersprossen … mit anderen Worten: Würdige ALLES, und achte darauf, dass deine Zärtlichkeiten und erotischen Aufmerksamkeiten stets in einem ausgewogenen Verhältnis zu den ausgezogenen Kleidungsstücken stehen …

30. Zieh sie Jahre später noch aus!

Ach ja, ganz wichtig – das hätte ich jetzt doch fast vergessen:

Das Ausziehen einer Frau, vielleicht dann später sogar »deiner« Frau, deiner Freundin oder Lebensgefährtin bleibt auch dann noch aktuell, wenn ihr euch schon laaaange kennt.

Gerade nach einem Fest, einem Theater- oder Kinobesuch, einem gelungenen Abend oder einem Essen zu zweit finden Frauen es so viel charmanter und aufregender, von ihrem Mann entkleidet zu werden, als zu hören: »Geh du schon mal ins Bett, ich komm gleich nach!« Oder vielleicht auch gar nichts mehr zu hören außer inbrünstigem Gähnen, stumpfsinnigem Geraschel von hingeworfenen Klamotten und dem Gesurre der elektrischen Zahnbürste.

Eine Frau immer wieder auszuziehen bedeutet, sie immer wieder neu zu entdecken. In diesem Sinne: Bleibe Entdecker!

31. Küss sie … überallhin … und dann … nimm sie wie ein Mann

Tja, wenn du an dieser Stelle mit detaillierten Sex-and-Bed-Tipps versorgt werden willst, du Schlingel, muss ich dich leider enttäuschen. Hach, komm – da gibt es ja nun wirklich schon Regaaaalmeter voll von einschlägiger Beratungsliteratur für den interessierten Mann. Ob du's mit ihr auf dem Sofa machst oder im Handstand unter der Dusche ist eigentlich auch gar nicht so entscheidend.

Wirklich wichtig jedoch sind bei dieser schönsten Sache der Welt (neben dem Schokolade-Essen) die Basics. Und über die reden wir jetzt!

Als Faustregel gilt: *Chacun à son goût!* Erlaubt ist, was gefällt!

»Aber was gefällt einer Frau?«, wirst du fragen. Tja, alter Schwede, die Frage ist schon falsch gestellt und muss eigentlich lauten: » Was gefällt DIESER Frau?« Mag sein, dass nachts alle Katzen grau sind. (Unter uns: Auch so ein Männersatz!) Aber lass dir sagen, dass trotzdem nicht alle Kätzchen das Gleiche wollen.

Was also will SIE? Jede Frau hat ihr süßes Geheimnis. Tirilli!

Finde es heraus, Tiger!

Eines aber solltest du im Hinterkopf behalten: Alle (!) Frauen wollen viel und oft geküsst werden – und nicht nur auf den Mund … es gibt mindestens 1538 weitere Stellen, die sich da anbieten. Tja, hättest du gar nicht gedacht, was?

Und noch ein Rat, den ich dir als wahre Freundin gebe: Stell im Bett nicht zu viele Fragen. Klar sollst du herausfinden, was sie glücklich macht, aber Junge, Junge, sie darf sich dabei nicht vorkommen wie das Studienobjekt eines übereifrigen Medizinstudenten im dritten Semester.

Du willst es ihr schön machen? Wunderbar! Aber vergiss bei all dem nicht: Du WILLST auch was von ihr! DAS finden Frauen sexy! Zärtlichkeiten werden immer geschätzt. Keine Frage. Doch am Ende kommen nur die ganz Harten in den Garten. Oder kennst du auch nur eine Frau, die einem Mann hoffnungslos verfallen wäre, weil der ihr im Bett immer so hingebungsvoll die Füße massiert hat?

DU bist der Mann im Bett. Auch wenn du nicht mehr die Hosen anhast.

Und im Zweifelsfalle orientierst du dich eben doch besser an Sean Connery als an Woody Allen.

32. Sag ihr, dass es toll mit ihr war, aber frag nicht: Wie war ich?

Wenn es ihr gefallen hat, müsstest du das eigentlich schon längst gemerkt haben. Sagt sie nichts, verkneif dir diese Frage trotzdem. Glaub mir, Frauen finden männliches Komplimente-im-Bett-Einheimsen eher peinlich.

Tust du mir noch einen Gefallen? Frag nicht, ob und wie oft sie gekommen ist. Du bringst sie damit wahrscheinlich nur in Verlegenheit und wirst sowieso nie die Wahrheit hören. Frag lieber, ob es schön für sie war.

Besser als alle Fragen sind drei kleine Worte.

Na komm, du weißt schon, welche!

33. Nimm sie in den Arm und BLEIB LIEGEN

Es gibt wirklich KEINEN Grund, drei Sekunden nach Vollzug wie von der Tarantel gestochen aufzuspringen und unter die Dusche zu stürzen. Warum wirst du so ungemütlich, um nicht zu sagen uncharmant?

Auch wenn beides mit S anfängt – wir sind beim Sex und nicht beim Sport! Wenn Körperpflege, dann davor. Und wenn duschen, dann gemeinsam.

34. Ach ja, noch etwas: Zieh die Socken aus!

Ich meine natürlich VORHER, du Dummkopf! Hinterher ist's dann auch egal, und du hast dich schon blamiert.

Socken in Sandalen sind ja schon sehr grenzwertig. Aber glaub mir. Socken im Bett und beim Sex – dafür gibt es einfach keine Entschuldigung. Das ist einfach nur peinlich! Das ist *absolutely no go*!

Es sei denn, du hast eine Fußprothese (dann nehme ich alles zurück!), oder du bist bei minus zwanzig Grad Ehrengast auf der Sockenstrumpfparty in der Skihütte von Obergurgl.

35. Sag ihr, dass sie die Frau deines Lebens ist

Ich meine, wann, wenn nicht jetzt?! Näher könnt ihr euch nicht mehr kommen, und dieser Satz, das ist mal klar, steht ganz oben im Ranking der Sätze, die man einer Frau »danach« sagen kann.

Es sei denn, das Ganze war eine Mega-Pleite, oder du erlebst plötzlich diesen viel zitierten männlichen Hormonabfall, und dein Hirn ist nur noch von einem Gedanken durchflutet: Flucht!!!

Also, weißt du – zu lügen brauchst du nicht! Lieber ein netter, aber eindeutiger Abgang als so missverständliche Wurstzipfel-vor-die-Nase-Sätze wie »Du bist die Traumfrau für mich, aber ich bin noch nicht so weit …«. Das ist für dich vielleicht bequemer, weckt aber bei ihr nur falsche Hoffnungen. Immerhin haben es Harry und Sally ja auch noch irgendwann geschafft. Also – sei fair! Wenn diese Frau, von der du glaubtest, sie sei eine Göttin, nun doch nicht die ist, nach der du gesucht hast, gib ihr ein NEIN, ohne ins Detail zu gehen. *Don't explain and don't complain.*

Frauen wollen zwar zunächst immer wissen »warum«, aber am Ende können sie doch besser damit leben, wenn du einfach sagst: »Das wird nichts mit uns beiden« oder »Die Sternzeichen passen nicht zusammen« oder »Treffen wir uns am Dienstag in zehn Jahren nochmal, vorher hat es keinen Zweck«.

Der wahre Gentleman kratzt *niemals* an der Schönheit, der Intelligenz, dem Witz oder dem Charme einer Frau. Warum auch? Das macht man eleganter.

Wenn du jedoch das Gefühl hast, dass bisher alles stimmt, dass es einfach super ist, dass es dich umhaut wie schon lange nicht mehr – dann äußere dich, und gib deinem Mädchen mit dem Satz »Du bist die Frau meines Lebens« dieses Wahnsinnsgefühl, ab sofort der wichtigste Mensch in deinem Leben zu sein.

Nach diesem starken Feedback legst du den Arm um sie und kannst jetzt endlich das tun, wonach dir schon die ganze Zeit ist: die Augen schließen und ein Schläfchen machen.

36. Bring ihr am nächsten Morgen den Kaffee ans Bett

Überleg mal – wer soll das denn sonst machen, wenn du es nicht tust?

Außerdem – wenn sie nicht gerade bei einer gütigen Mutter wohnt oder zusammen mit einer unglaublich netten Freundin, dann bist du ab sofort der Einzige, der sie in den lustvollen Genuss bringen kann, diesen ersten heißen köstlichen belebenden Schluck Kaffee zu sich zu nehmen, ohne auch nur einen Fuß aus dem Bett setzen zu müssen. Was für ein Privileg, sich in Zeiten, in denen Hausdiener rar sind, wohlig in den Kissen zu räkeln und eine dampfende Tasse Kaffee gereicht zu bekommen! Das sind hundert Punkte für dich. Und weitere hundert gibt es, wenn du noch ein frisches Croissant dazulegst. Glaub mir – *Frauen* haben keine Probleme mit Krümeln im Bett.

37. Stell sie deinen besten Freunden als deine neue Freundin / Frau vor und nicht als »das ist die … äh … Sandra«

Jetzt mal Butter bei die Fische – was soll das Gestotter? Ist sie's nun oder nicht? Selbst wenn du dir noch nicht so ganz sicher bist, was eure Zukunftsperspektiven angeht, kannst du jetzt nicht so tun, als stündet ihr zufälligerweise am selben Fahrkartenschalter an. Sonst ist die … äh … Sandra schneller weg, als du denkst. Und dann tut's dir vielleicht leid. Sei also klug, und steh zu ihr. Solange die Liebe dauert, ist sie ewig.

38. Schreib ihr einen Liebesbrief

Hey, keine Sorge! Niemand erwartet von dir, dass du zum Cyrano de Bergerac wirst. (Wie – den kennst du nicht?) Aber so ein kleines Brieflein – das kriegst du doch hin. Wenn dir gar nichts einfällt, dann schlag nach bei Shakespeare – oder nimm ein Gedicht von Heine, und schreib's ab. Frauen haben eine Schwäche für Liebesbriefe. Denn die können sie in den dunklen Stunden immer wieder hervorziehen, wenn du mal gerade nichts zu sagen hast. Sie können sie unter ihr Kopfkissen legen und von dir träumen. Sie können sie in ihre Brieftasche tun, um immer ein Stück von dir dabeizuhaben. Sie können sie aufheben, bis sie im Altenheim sitzen, um sie dann mit leuchtenden Augen ihrer Enkeltochter zu vermachen. Als Beweis, dass es da jemanden gab, der sie geliebt hat. Tja, und manchmal müssen sie diese wunderbaren Briefe auch ihren Freundinnen zeigen (»Ist der nicht süß?!«). Komm – da stehst du drüber. Denk einfach nicht dran!

39. Gib sie nicht an der Garderobe ab, wenn ihr zusammen auf eine Party geht

Also, es soll doch immer wieder Männer geben, die zum einsamen Wolf werden, sobald sie die Jacke abgelegt haben. Sie treten ein, schütteln sich kurz und lassen alles hinter sich – auch die Frau, mit der sie gekommen sind. Wenn die Party steigt, fällt so mancher Mann mit Lichtgeschwindigkeit in den Single-Modus zurück, und wir können nur noch staunen über Amnesie im großen Stil!

Also, mein Freund, jetzt sag nicht, dass du auch so einer bist, der in null Komma nichts mit seinem Bierchen in einem Pulk von Freunden verschwindet oder – schlimmer noch! – an der attraktivsten Blondine des Abends klebt, sonst muss ich schimpfen.

Süßer – erinnere dich!!! Du bist mit einer tollen Frau auf diese Party gekommen. Und wo ist sie jetzt? Weißt du es? Was soll das heißen – keine Ahnung?

Also, hör mal – niemand verlangt von dir, dass ihr zwei wie mit Handschellen aneinandergekettet die ganze Zeit nebeneinandersteht, aber wenn deine Holde sich Stunden später ins Gespräch bringen muss mit Sätzen wie »Na, mein Schatz?!« und von dir nur somnambule

Blicke erntet, die keinen Funken des Erkennens zeigen, und weitere Stunden später schließlich mit »Sollen wir langsam mal gehen?!« versucht, die Notbremse zu ziehen, um dann Sätze zu hören wie: »Geh-du-ruhig-schonmal-ich-komme-nach«, kann ich dir versichern, dass das einen Riesenärger gibt!

Wenn du sie loswerden wolltest, war das sehr schlau von dir (aber – unter uns! – auch nicht wirklich nett), doch ansonsten bist du ein Dummkopf, und es kann dir passieren, dass du, wenn du »nachgekommen bist«, deine Sachen im Hausflur vor ihrer Tür findest. Möchtest du das?

Goldene Regel Nummer eins ist also: Wenn du mit einer Frau, an der dir etwas liegt, zu einem Fest gehst, gehst du auch wieder mit ihr zurück. Und in der Zwischenzeit solltest du immer mal wieder ein Auge auf deine Liebste haben – so über den Raum hinweg. Auch wenn ihr euch beide unabhängig voneinander prächtig amüsiert – DU bist der Mann an ihrer Seite. Und das solltest du auch zeigen. Ihr. Und den anderen. Nicht mit der Axt. Aber mit dem Zauberstab. Mal ein netter Blick, ein lieber Satz zwischendurch, kurz mal in den Arm nehmen, bevor man wieder ins Geschehen eintaucht – das hat Stil.

Goldene Regel Nummer zwei: Wenn du alte Freunde triffst, die SIE nicht kennt, sollte es selbstverständlich sein, dass du alle kurz miteinander bekannt machst. Keine

Frau hat Lust, schafsköpfig und mit gequältem Lächeln dabei zu stehen, wenn du von alten Zeiten schwärmst (»Weißt du noch, die Lilli? Harharhar! War das lustig!«) und ihr den Helden / die Heldin aus deiner tollen Vergangenheit nicht einmal vorstellst.

Goldene Regel Nummer drei: Auch wenn du grad im interessantesten Gespräch deines Lebens steckst – wenn deine Freundin dazukommt, lass sie nicht außen vor. Sei klug, und hol sie mit ins Boot. Manchmal reicht es schon, einfach den Arm um sie zu legen und damit zu zeigen, dass du sie wahrgenommen hast. Von mir aus sag: »Hallo Fremde!« Aber das muss mindestens so sexy klingen wie bei Brad Pitt und Angelina Jolie.

40. Mach ihr Komplimente, wenn andere dabei sind

Im Grunde eine einfache Sache, aber sie hat eine unglaubliche Wirkung!

Ich meine, ob du deiner Dame diverse Nettigkeiten im stillen Kämmerlein sagst oder vor anderen auf einem Fest – das ist für dich vom Aufwand her doch dasselbe. Und bei deiner Liebsten löst es wahre Nobelpreisträgergefühle aus. Glaub mir, einfache Sätze werden um ein Hundertfaches aufgewertet, wenn es dafür Zeugen gibt. Das ist doppelter Genuss ohne Reue!

Natürlich sollte das Kompliment angemessen sein. Es versteht sich von selbst, dass du bei einem Essen mit deinen Kollegen nicht lauthals davon schwärmst, dass die Frau, die neben dir sitzt, eine Rakete im Bett ist. Ich rede hier von Komplimenten, wie du sie Frauen machen kannst, ohne dass diese vor Verlegenheit unter den Tisch kriechen möchten.

Ein öffentliches »Na, du schöne Frau im roten Kleid«, ein liebevolles »Engelchen, was bist du heute Abend hübsch«, aber auch ein begeistertes »Nicola, du kochst einfach göttlich« oder ein bewunderndes »Keine kann das so wie du« zeigen eben nicht nur deiner Prinzessin, dass sie immer und überall deine ganze Wertschätzung hat – sondern auch dem Rest der Welt … und ihren Freundinnen.

Denen muss nun keiner mehr erklären, was SIE eigentlich an dir findet. So einen wie dich hätten sie nämlich auch gern. Und nicht Otto, der zwar so wahnsinnig süß sein kann, wenn man allein ist, aber bei allen anderen Gelegenheiten wie ein Stockfisch neben seiner Flamme steht und nicht mal mitkriegt, dass ihr Glas schon seit Stunden leer ist …

41. Bring ihr Rosen mit

Um jetzt mal ein beliebtes Missverständnis aufzuklären:

Eine Rose ist okay, wenn du sie am Bahnhof oder vom Flughafen abholst. Dann gibt es in der Regel genug anderes, was man (du) zu schleppen hat. Ansonsten gilt: Wenn der Strauß größer ist als du selbst, ist er genau richtig.

Übrigens: Natürlich müssen es nicht immer Rosen sein. Unter Umständen sind auch Vergissmeinnicht, Flieder, Tulpen, Sonnenblumen oder sogar selbst gepflückte Kornblumen ganz wunderbar.

Rosen allerdings sind immer etwas Besonderes und darüber hinaus eine sichere Bank. Keine Frau findet Rosen blöd, soviel steht fest. Bei Orchideen und Lilien scheiden sich die Geister. Und ob du sie mit Astern oder Spinnen wirklich in einen gigantischen Freudentaumel versetzt … Ich wage es zu bezweifeln.

Noch etwas: Befreie die Blumen vom Papier, *bevor* du sie überreichst. Am besten schon draußen vor der Tür. Oder soll die Dame deines Herzens minutenlang dumm im Flur stehen und dir zusehen müssen, wie du deinen

Strauß auswickelst, bis sie sich dann! endlich! freuen! kann?

Und was sagst du, wenn du mit deiner Liebsten im Blumengeschäft vor dem Kübel mit den Rosen stehst und die Verkäuferin dich fragt: »Wie viele dürfen es denn sein?«

Du sagst: »Alle!«

Also – ich bin hin und weg!!! Weißt du was? Du bist der Beste! Ich wusste es! Das sind genau die Dinge, mit denen man sich als Mann unsterblich macht!

42. Red nicht drumrum. Denk es nicht nur. SAG ihr, dass du sie liebst

Okay – Frauen *können* manchmal Gedanken lesen. Bei der besten Freundin zum Beispiel. Bei Männern ist das leider nicht der Fall. Außerdem hat sich durch einschlägige Beratungsliteratur inzwischen herumgesprochen, dass Männer nicht zwangsläufig etwas denken, wenn sie schweigen. Wie soll sie also ahnen, dass das jetzt gerade mal anders ist? Komm, sei fair und gib ihr eine Chance! Wenn du etwas so Schönes zu sagen hast, dann tu es um Himmels willen, und denk es nicht nur! *Cogito ergo sum?* Ach komm, vergiss es! Mit dieser Haltung kommst du bei Frauen nicht weit. Und nachher heißt es dann für dich: *Cogito ergo solo sum.*

Soll ich dir mal was erzählen? Neulich fuhr ich morgens an einer Mauer vorbei, auf die eine Verzweifelte gesprüht hatte:

WENN MAN JEMANDEN LIEBT,
MUSS MAN ES AUCH SAGEN!

Das hat mir sehr zu denken gegeben. Meine Güte – wie weit müssen Frauen denn noch gehen, um endlich eine Reaktion zu bekommen?

Also – du machst das bitte anders.

Löse deine Zunge, und *sag* es einfach mal. Sätze wie: Ich liebe dich. Ich vermisse dich. Ich wünschte, du wärst hier. Ist das schön, dich im Arm zu haben! Ohne dich ist mein Bett so leer.

Sag es, und noch wichtiger: Sag es immer wieder! Und ob du es glaubst oder nicht: Was das angeht, kannst du dich hundertfach wiederholen, ohne je langweilig zu werden.

43. Schenk ihr den Ring

Du denkst vielleicht, das ist altmodisch, aber ich behaupte: Manche Dinge kommen nie aus der Mode. Ringe zum Beispiel. Es mag Preziosen geben, die weitaus teurer sind. Aber nur ein Ring hat diesen symbolträchtigen Charakter, auf den Frauen so abfahren. Der Ring ist die Rose unter den Schmuckstücken – und zwar die rote Rose. Glaub mir, da kommt keine noch so schöne Brosche mit. Auch Ketten und Armbänder, Uhren und Ohrringe mögen ihre Berechtigung haben. Aber die könntest du zur Not auch deiner Tante Ulla oder deiner Lieblingscousine schenken. Ein Ring sagt, dass es für immer ist. Dass die Liebe keinen Anfang und kein Ende hat. Dass ihr zusammengehört. Es muss ja nicht gleich der Ehering sein. Schließlich hat eine Frau fünf Finger an jeder Hand. Und so gibt es für jede Gelegenheit den passenden Ring.

Aber eigentlich muss ich dir das doch auch gar nicht erzählen. Du weißt das alles selbst und hast es vielleicht nur vergessen. Erinnere dich – das Mädchen mit den blonden Zöpfen in der Grundschule! Damals hast du nicht gezögert, zwei Groschen in den Kaugummiautomaten zu stecken und ihr den Ring zu ziehen und zu schenken. Und – hat sie sich nicht riesig gefreut? Glaub mir, solche Sachen funktionieren auch noch Jahrzehnte später.

44. Stell sie deinen Eltern vor

Okay – es ist schon eine Weile her, dass du das letzte Mal zu Hause warst. Und deine Beziehung dorthin ist auch nicht so wirklich … eng. Deine Mutter ist echt lieb, aber sie nervt dich ein wenig, weil sie jedes Mal sagt, du hättest abgenommen, dir das Essen auf den Teller häufelt und dich immer noch »Spatz« nennt. Und dein Vater hat nie verstanden, was du eigentlich machst, und fragt dich noch heute »Wie stehen die Aktien«, obwohl du schon seit Jahren im Ministerium für Landwirtschaft und Forst arbeitest.

Klar, war Hasenhausen auch mal dein Zuhause – aber inzwischen hast du dich selbst neu erfunden. Und wenn du deine Neue mit zu deinen Eltern nimmst, wird es unter Garantie passieren, dass deine Mutter wieder erzählt, dass du als Junge immer so schüchtern gewesen bist und dein erstes Wort »Dose« war. Und dein Vater wird wissen wollen, ob deine Freundin auch Kinder haben will. Inzwischen ist er Rentner und hofft auf Enkel, mit denen er endlich die Eisenbahn wieder aufbauen kann. Ach, sie hat schon ein Kind?! Soso …

Ehrlich – du kriegst schon Schweißausbrüche, wenn

du an das alles nur denkst. Außerdem trauern deine Eltern immer noch der Resi nach (»Ach, wir haben immer gehofft, dass die Resi und du ...«) und schicken ihr heute noch Weihnachtspäckchen ...

Mit anderen Worten – es gibt tausend Gründe, die dagegen sprechen, die Frau deines Herzens deinen Eltern vorzustellen. Wenn du Pech hast, wird dein schlimmster Albtraum wahr.

Dennoch gibt es einen Grund, weshalb du es unbedingt tun solltest:

SIE will es.

Vielleicht nicht sofort, aber irgendwann wird sie es wollen, da kannst du Gift drauf nehmen. Und je länger ihr euch kennt, desto misstrauischer und auch missgelaunter wird sie werden, wenn du dein Elternhaus so völlig ausklammerst. Denn erstens will sie wissen, wo du herkommst (Frauen sind neugierig). Und zweitens wird sie denken, dass du es nicht »ernst meinst« (Frauen sind schnell beleidigt).

Tja, mein Freund – ich fürchte, spätestens an Weihnachten wirst du Farbe bekennen müssen. Hey, Kopf hoch! Es geht um ein paar Stunden unter Erwachsenen, nicht um eine gemeinsame Weltreise im Vierbettzimmer. Immer dran denken: Dein Vater ist nicht der Hammermörder von Hasenhausen, und deine Mutter macht den besten Sauerbraten der Welt. Was soll schon schiefgehen?

45. Versichere ihr glaubhaft, dass du ihre Mutter gar nicht so schlimm findest

Ich gebe zu, dass Frauen eine andere Logik haben als Männer.

Monatelang hast du dir das Gemecker über ihre Mutter anhören müssen. Jetzt bringst du das Ganze mal endlich auf den Punkt und sagst so etwas wie: »Die blöde Kuh kann mir doch gestohlen bleiben.« Oder: »Waaaas? Deine MUTTER kommt? Um Gottes willen, da bin ich dann aber weg.« Und schon zittert bei deiner Liebsten die Unterlippe, und sie fühlt sich von dir, Grobian, gleich mit verstoßen und diskriminiert.

Was ist passiert?

Frauen haben in der Regel ein wahrhaft undurchschaubares Verhältnis zu ihren Müttern. Sie hassen sie. Sie lieben sie. Sie fühlen sich kontrolliert, erdrückt, bevormundet. Sie haben ein schlechtes Gewissen. Sie würden alles für ihre Mutter tun und lassen sich am Telefon verleugnen. Sie wollen alles ganz anders machen und kochen doch die gleichen Suppen.

Was sie aber auf keinen Fall wollen, ist ein Mann, der ihre Mutter zum Davonlaufen findet. Natürlich darf kritisiert werden. Aber, bitte schön, nicht von DIR!

Wenn SIE kritisiert, ist ihre Mutter ein alter Drachen, der sie tyrannisiert, unter Druck setzt und ihr sowieso nicht die Butter auf dem Brot gönnt. Wenn DU kritisierst, ist es eine arme gebrechliche Frau, die es auch nicht leicht hatte in ihrem Leben, die keiner besucht und die noch ihr letztes Hemd geben würde für ihre Tochter.

Sei also klug: Auch wenn sich dein Mädel oft genug über ihre Mutter aufregt – es wird sie immer mit Freude und einer gewissen Erleichterung erfüllen, wenn du ihr versicherst, dass du ihre Mutter eigentlich (trotzdem!) nett findest.

Schießt du hingegen permanent gegen diese Frau, wird's garantiert ein Eigentor. Denn irgendwann – und der Tag kommt! – sind Mutter und Tochter (vorübergehend) wieder ganz *d'accord*. Und dann bist du der Bösewicht.

Eine Mutter bleibt eine Mutter bleibt eine Mutter. Bedenke: Ohne Mütter gäbe es keine Töchter. Auch nicht diesen wundervollen Engel, der dich so glücklich macht. Schon allein deswegen ist ein bisschen Dankbarkeit der »alten« Dame gegenüber nicht fehl am Platz.

46. Versteck ein Ticket für eine Reise auf ihrem Frühstücksteller

Wie – noch nie was davon gehört, dass dies die heimliche Hoffnung aller Frauen ist? Sich an den gedeckten Frühstückstisch setzen, und dann – Überraschung!!! – liegt direkt unter der Serviette die Fahrkarte nach Paris. Oder das Flugticket für die Insel.

Bedauerlicherweise kenne ich nur wenige Frauen, denen solch großes Glück bisher widerfahren ist. Aber ich kenne Hunderte, die davon träumen. Also – worauf wartest du? Das ist ein irrer Trick, um sich beliebt zu machen!

Ob du mit deiner Liebsten zusammen fährst oder sie später auch mal allein ins Paradies schickst, damit sie sich von allem und auch von dir erholen kann, ist eigentlich gar nicht so entscheidend. Eines aber kann ich dir versichern: Wenn du das bringst, bist du der König der Welt!

Und weißt du auch, warum?

Klar fliegt jeder gern nach Mauritius. Oder Rom. Oder Venedig. Aber das allein ist es nicht.

Es ist die Tatsache, dass du dir »Gedanken gemacht hast«.

Ja, ja – auch wenn du es nicht mehr hören kannst, Frauen wollen immer, dass man sich Gedanken macht. Um SIE. Am liebsten sollst du den ganzen Tag an sie denken und dir überlegen, was mit ihr ist und was sie möchte. Und – nicht zu vergessen! – womit du ihr eine Freude machen kannst!

Und nun hast du es offensichtlich getan: Du hast dir Gedanken gemacht. Daumen hoch! Wunderbar! *Good Job!*

Zudem ist es natürlich so, dass Frauen Überraschungen einfach *lieben*. Daran kann man erkennen, dass sie keine Männer sind.

Na, komm, gib zu, dass dich allein bei dem *Wort* »Überraschung« ein leises Unwohlsein befällt. Und »Überraschungsreise« klingt in deinen Ohren nach Überfall im großen Stil! Glaub mir, für deine Freundin klingt es anders. Und dass du alles organisiert hast, ohne ihr vorher auch nur ein Wort zu sagen, findet sie einfach nur … großartig! Vorausgesetzt natürlich, dass sie mit dem Ziel der Reise leben kann. Ein Langstreckenflug nach Mauritius macht wenig Sinn, wenn die Frau vor dem Frühstücksteller sich weigert, ein Flugzeug auch nur zu besteigen. Und eine Kaffeefahrt in die Eifel rangiert nun auch nicht gerade unter den Top Ten. Ein bisschen Recherche vorher wäre also nicht verkehrt. Im Notfall fragst du ihre Freundin. Die weiß es ganz genau.

47. Trag ihr die kleinen Koffer

Ein guter Witz, nicht wahr?

Frauen, die auf Reisen gehen, *haben* keine kleinen Koffer.

Man kann als Mann immer nur wieder staunen, wie es sein kann, dass so wenig Frau so viel Koffer braucht. Bitte frag erst gar nicht, ob es wirklich sein muss, dass sie für die eine Woche einen Koffer mitnimmt, in den man locker ihren ganzen verdammten Kleiderschrank reinkriegt.

Es MUSS sein!

Wie bitte schön soll denn eine Frau von Geschmack schon im Voraus wissen, ob sie im Urlaub eher lässig, cool, elegant oder im mädchenhaften Vintage-Look durch die Straßen bummeln möchte. Und die Schuhe, wahlweise Stiefel müssen schließlich auch noch passen. Frauen entscheiden sich da ganz spontan – je nach Stimmungslage und dem Diktat der Mondphasen. Und deswegen brauchen sie eine kleine Auswahl. An Klamotten, Accessoires, und, wenn du so eine Schlaue hast, die gern liest, eben auch noch an Büchern! Also, was soll das Geschrei? Ich meine – früher gab es sogar noch Hutschachteln!

Dieses Kofferding bleibt dir trotzdem ein Rätsel?

Mein lieber Freund, ich sagte es ja schon – du *musst* nicht alles verstehen.

Aber ihre Koffer tragen, wuchten, stemmen, hinter dir herziehen, die Treppe hochschleifen – das musst du schon! Alles andere wäre auch nicht fein. Kein Kavalier lässt seine Dame die Koffer schleppen. Also schleppe, und wenn du noch kannst, schenk ihr ein Lächeln. Die ganze tolle Wirkung ist nämlich zum Teufel, wenn du fluchst und schreist, dass du ihren Scheiß-Koffer nächstes Mal im Canal Grande versenkst. Hey, bleib geschmeidig – du weißt schon: Immer locker durch die Hose atmen! Du bist *stark*, und das ist ein *kleiner* Koffer.

Und die meisten Koffer haben heute Rollen.

48. Trink mit ihr auf dem Markusplatz den teuersten Cappuccino deines Lebens

Also, wir brauchen doch gar nicht darüber zu diskutieren, dass das hier wahre Halsabschneiderpreise sind. Zehn Euro für einen aufgeschäumten Kaffee mit Geigengefidelzuschlag? Hallo??? Das ist lächerlich und unverschämt zugleich.

Doch bevor du jetzt aufspringst, mein Bester, und deiner Herzdame entrüstet zurufst, dass die ja wohl, bitte schön, nicht mehr alle Tassen im Schrank haben und du hier keinen Kaffee trinkst, *hier … nicht!*, halt kurz inne, und hör mir zu.

Lass uns noch mal eine andere Rechnung aufmachen:

Ohne Zweifel würdest du im Biergarten des Kaffrather Kartoffelhauses fünf Tassen Kaffee für diese Wahnsinnssumme bekommen. Fünf im Verhältnis zu eins. Das ist echt heftig, da gebe ich dir recht. Aber sieh es mal so: Du bist hier in Venedig, auf einem der schönsten Plätze der Welt, für zehn Euro atmest du die ganze Pracht der Serenissima, blickst den Tauben und den Verliebten nach, siehst den stolzen Campanile und den geflügelten Löwen, der auf der Markuskirche thront, und sitzt neben deiner Principessa, die im Grunde ihres Herzens nicht aufstehen will.

Also, ich finde, du solltest unbedingt sitzen bleiben. Denk mal langfristig! Am Ende sind es genau diese Erinnerungen, die wichtig sind. Du bist eben nicht so ein Erbsen zählender Tourist, der sich noch sein geschmiertes Wurstbrot mitnimmt, weil alles hier so schweineteuer ist. Das Wurstbrot ist okay, wenn du es zu Hause isst.

Hier aber bist du Giovanni d'Oro, der Goldüberglänzte, ein wahrer Conte. Das ist das Bild, was SIE von dir im Herzen trägt. Gib zu, dass dir das gefällt!

Und deswegen wirfst du auch diesem Raffzahn von Gondoliere mit leichter Hand und einem Lächeln dein schönes Geld in den Rachen – was ist schon Geld gegen das Leuchten in ihren Augen?

49. Mach ihr einen RICHTIGEN Heiratsantrag

Ich weiß. Wir befinden uns im 21. Jahrhundert. Frauen gehen arbeiten, spielen Fußball und verdienen ihr eigenes Geld. Der Begriff »Wilde Ehe« steht auf der Liste der untergegangenen Wörter. Man hat einen Freund, Lebenspartner, Geliebten oder Lebensabschnittsgefährten. Zusammenleben ohne Trauschein? Kräht kein Hahn nach! Kinder ohne Eheschließung? Kein Problem. Ist ja begrüßenswert, wenn sich überhaupt noch jemand dazu durchringt, seine Freiheit gegen mehr Verantwortung und ein stets überzogenes Konto einzutauschen, damit die Rentner der Zukunft sich dann auch noch ein Brötchen kaufen können.

Da könnte man doch glatt auf die Idee kommen, Heiraten sei etwas aus der Mode. Könnte man.

Doch die Statistiken sprechen eine andere Sprache. Mag sein, dass jede dritte Ehe geschieden wird – geheiratet wird trotzdem!

Wann also fragst DU? Ich meine, was ist los? Bist du etwa auch so ein »Ich-bin-eigentlich-nicht-der-Typ-für-eine-Beziehung«-Sager? Warum liest du dann ein Buch darüber, wie man Frauen glücklich macht? Oder denkst du, ein Heiratsantrag wäre altmodisch, überflüssig und irgendwie peinlich?

Nur keine Angst! Du kannst viel falsch machen. Aber nicht mit einem Heiratsantrag. Das verzeihen sie dir alle – sogar, wenn er zu früh kommt. Glaub mir, jede Frau möchte es wenigstens *einmal* in ihrem Leben hören. Diese Frage aller Fragen. Nein sagen kann sie dann immer noch! Also – wo ist das Problem? Schließlich will man doch wissen, wo man steht. So als Frau.

»Willst du mich heiraten?« oder »Willst du meine Frau werden?« sind Sätze, die deiner Liebsten zeigen, dass du ihr dein GANZES Ja gibst.

Aber bitte! Jeder Inhalt braucht eine Form!

Wenn du im November über der Steuererklärung hängst und dann rüberrufst: »Du, Schatz, wir sollten dieses Jahr noch heiraten, ich seh nicht ein, dass wir dem Staat das ganze Geld in den Rachen schmeißen!«, ist das definitiv *nicht* der richtige Rahmen. Auch lapidare Ansagen wie: »Wir könnten doch eigentlich heiraten«, sind nicht gerade Rock'n'Roll, wenn du dabei im Sofa vor dem Fernseher lümmelst, deine Nüsse kaust und dir das deutsche Unterhaltungsprogramm reinziehst, während sie deine Hemden bügelt.

Na komm, ein bisschen Mühe musst du dir schon geben, und Arthrose im Knie ist gaaaanz schlecht für einen »richtigen« Heiratsantrag. Du weißt schon – mit Ring, Rose und Kniefall.

Gut, wenn deine Knochen knacken – du kannst SIE auch an einem stillen See fragen, bei »eurem« kleinen Italiener, auf dem Eiffelturm oder wenn ihr Hand in Hand vom Fünf-Meter-Brett des städtischen Freibads springt.

Wichtig ist eigentlich nur, dass du ihr zeigst, dass es dir wichtig ist. Denn mal ehrlich – es *ist* wichtig!

Und dass ihr Ja dich zum glücklichsten Mann auf Erden macht.

So macht man Frauen glücklich!

Eins muss dir allerdings klar sein: Es gibt nichts Gutes, außer man tut es! Deswegen:

50. Heirate sie!!!

Hilfe – was bist du? Eine Schnecke auf Valium???

Wie lange ist das jetzt her, dass ihr vom Heiraten gesprochen habt? Ein Jahr? Drei Jahre? *Fünf Jahre?!!! Mon Dieu*, wo soll denn das, bitte schön, hinführen? In die Hauskapelle des Kaiserswerther Altenstifts, wo dann eventuell auch noch angeschlagene Tässchen mit der Aufschrift »Der Silberbraut« zu haben sind? Gut, es soll Verlobungen gegeben haben, die sechsunddreißig Jahre überdauerten, aber, wenn ich mich recht erinnere, lagen auch zwei Weltkriege dazwischen …

Also, jetzt mal im Ernst – ein Heiratsantrag ohne konkrete Perspektive ist ähnlich gut wie ein handgeschriebener (!) Gutschein (der selten genug eingelöst wird).

Mit anderen Worten: GAR NICHT GUT!

Ich verrate dir vielleicht ein Geheimnis, wenn ich dir jetzt sage, dass es drei Gelegenheiten gibt, bei denen auch die sanftmütigsten Rehfrauen irgendwann so richtig zickig werden können:

a) Du versprichst etwas, ohne es zu halten;
b) du lässt sie warten;

c) sie muss *dich* fragen, *wann* ihr denn jetzt … ich meine … was denn jetzt eigentlich … mit euch … *ist* …????

Junge, Junge, du steuerst in den Sturm! Glaub mir, da liegt kein Segen drauf. Meinst du, irgendeine Frau findet es cool, wenn sie so nachhaken muss? Erst war alles klar, dann passiert nichts, und dann lassen wir das Thema erst mal ein paar Jahre ruhen?

Nee, nee, mein Freund, so wird das nix! Es mag Frauen geben, die *grundsätzlich* oder … äh, na ja … *dich* nicht heiraten wollen. Aber eine Frau, die von ihrer wunderbaren Karriere als Dauerverlobte an deiner Seite träumt, die gibt's wirklich nicht! Und wer »Ganz in Weiß mit einem Blumenstrauß« auf das Haupthaar seiner Braut bezieht, gehört geschlagen!

51. Sprich mit ihr

Langzeitstudien haben ergeben, dass Paare, die sich schon etwas länger kennen, maximal fünf Sätze am Tag miteinander wechseln. Und – jetzt mal ehrlich – daran sind nicht die Frauen schuld. Klar hast du schon alles gesagt, was zu sagen ist – aber darf's vielleicht ein bisschen mehr sein? Frauen wollen, dass man mit ihnen *redet*! Und das wirklich Erschreckende daran ist, dass sie das auch noch wollen, wenn man sich schon so lange kennt, dass man doch eigentlich prima zusammen schweigen könnte. Sie wollen immer alles wissen: Wie du den Kinofilm fandest, was du davon hältst, dass ihre beste Freundin sich so lange nicht mehr gemeldet hat, und ob dir was auffällt?

Ein-Wort-Sätze wie »Gut«, »Weißnicht« oder »Nö« mögen für deine Kumpel völlig ausreichen. Deine Frau hingegen wird das Gefühl haben, dass du nicht *wirklich* mit ihr sprichst, wenn du so einsilbig bist. Entweder wird sie denken, dass »etwas ist« (»Hast du was? – Du *hast* doch was?«) oder dass du sie nicht mehr liebst (»Na ja, ist dir wohl egal!«, was nichts anderes bedeutet als: Meine neuen Stiefel sind dir egal, meine Probleme sind dir egal, und ich bin dir auch egal!). Im günstigsten Fall hält sie dich irgendwann für den größten Langeweiler aller Zeiten.

Dich! Klugen! Witzigen! Charmanten! Mann!!! Sag mal – lässt du das auf dir sitzen? Natürlich NICHT!

Mein Tipp: Schau dir doch noch mal Punkt 6 an und bedenke: Entweder ist man ein Eremit. Oder man ist mit einer Frau zusammen. Beides gleichzeitig geht nicht. Auch wenn DU es herrlich findest, im Land der Stille abzutauchen und einfach NICHTS zu denken, auch wenn Zeitung und Sportschau echte Alternativen für dich sind, beende die ewige Ruhe, kehre zurück in deinen Körper und auf diesen Planeten und sprich! Rede! SAG WAS! Noch heute!

52. Sei nicht eifersüchtig auf ihre Freundinnen

Der mit Abstand dümmste Satz, den du bringen kannst, ist:

»Deine Freundinnen sind dir ja wichtiger als ich.«

Echt, wenn du so redest, wirst du sie irgendwann los sein. Nicht die Freundinnen, sondern deine Prinzessin. Weißt du, dass Frauen sich Sprüche auf Geburtstagskarten schreiben wie »Männer kommen und gehen, Freundinnen bleiben«? Das sollte dir zu denken geben. Auch wenn du einer von denen bist, die bleiben, musst du wissen, dass Frauen ihre Freundinnen brauchen wie die Luft zum Atmen.

Na komm, du musst jetzt nicht beleidigt sein, das schmälert doch nicht DEINEN Wert! Aber es ist doch so: Mag ja sein, dass DU alles allein mit dir abmachst. Aber bei Frauen laufen Entscheidungsfindung und Problembewältigung halt anders – in der Regel im Gespräch! Sei doch froh, dass es Menschen gibt, die stundenlang und mit wachsender Begeisterung mit deiner Liebsten darüber diskutieren, ob es ein Fehler war, das grüne Kleid zu kaufen, ob der neue Schreibtisch *wirklich* ideal platziert ist und warum sie wieder mal Krach mit der blöden Pissnelke aus dem Büro hat. Jetzt mal ehrlich – erzähl mir nicht, dass *du* Lust auf solche Gespräche hast! Also freue dich und frohlocke, weil der Kelch an dir vorüberzieht!

Okay, okay – ich will dir nicht verschweigen, dass du selbst ... dann und wann ... na ja ... manchmal auch oft ... äh ... also eigentlich fast immer ... in diesen Gesprächen vorkommen wirst, aber ich kann dir versichern, dass Frauen da besser sind als ihr Ruf. Nimm mal Abschied von deinen Horrorvisionen hexenähnlicher Foren mit militanten Emanzen, denen es nur um eines geht: DICH in die Pfanne zu hauen! Klar beschweren sich Frauen manchmal über ihre Männer. Aber meistens ist es gerade die beste Freundin, die dann sagt: »Ach weißt du, jetzt leg das mal nicht auf die Goldwaage, der Stefan ist im Moment einfach total im Stress!« Ja, ich würde sogar so weit gehen zu behaupten, dass Freundinnen ein wichtiger Stabilitätsfaktor für eine Beziehung sind!

Also, bleib souverän – lass ihr ihre Milchkaffee-Runden, ihre Freundinnen-Shoppingtouren oder die Abende in der Damensauna. Wünsch ihr viel Spaß, genieße die Ruhe – und wenn sie dann entspannt und gut gelaunt wiederkommt, hast du auch was davon.

53. Akzeptiere, dass sie gern und lange telefoniert

Mit anderen Worten: Sei ein Held der Geduld! Ich weiß, dass dir das stundenlange Gelaber-Rhabarber am Telefon echt auf den Geist geht. Kaum zu glauben, dass Frauen sich auf dem Weg der Telekommunikation *auch noch* etwas zu erzählen haben. Ich meine, wo sie sich doch gerade gestern erst getroffen haben. Und was ruft deine Liebste nach einem ausführlichen Telefonat mit ihrer Freundin in den Hörer? Richtig: »Bis gleich!«

Bis gleich??? Unfassbar! Da bleibt dir das Salamibrötchen doch glatt im Halse stecken. Klar würdest du das anders machen. Aber du bist ja auch ein Mann. Und als solcher dient für dich das Telefon in erster Linie der Informationsübermittlung. (Wo bin ich? Wann komme ich an? Was tue ich gerade?) Das ist bei Frauen auch nicht anders. Allerdings wird der Begriff »Information« hier umfassender definiert. Zum Beispiel als Seelenzustandsbeschreibung (Wie fühle ich mich gerade?), Einkaufsnachbesprechung (Muss ich wegen der Stiefel ein schlechtes Gewissen haben?) und Beziehungsdiskussion (Warum erzählt mein Mann mir nichts?).

Wenn du also wissen willst, worüber Frauen eigentlich so lange am Telefon reden, dann kann ich dir versichern: Über ALLES.

Fragst du mich allerdings, warum Frauen eine solche Affinität zum Telefon haben, dann kann ich dir nur sagen: Nicht jedes Rätsel des Universums muss von dir gelöst werden. Akzeptiere einfach, dass das Telefon eine Art Haushaltsgerät ist, das speziell für Frauen erfunden wurde (Tja, und du dachtest immer, es sei der Geschirrspüler, so kann man sich vertun!).

Wenn es also das nächste Mal klingelt, sie abhebt und mit bedeutungsvollem Blick sagt »Es ist Ulrike …«, dann verdreh nicht stöhnend die Augen, und frag auch nicht jede halbe Stunde lautstark nach, ob sie *immer noch* telefoniert. Schnapp dir die Zeitung, freu dich, dass du eine Weile ungestört lesen kannst, und bleib ganz Zen. Du bist mit dieser wunderbaren Frau zusammen, und ihr habt noch das ganze Leben vor euch. Was sind da schon zwei Stündchen am Telefon?

54. Versichere ihr, dass sie nicht zu dick ist

Bisweilen liest man an Bushaltestellen gefährliche Botschaften. »Jede Wahrheit braucht einen Mutigen, der sie ausspricht.«

Mayday! Mayday! Rette sich, wer kann! Ich meine, wer um Himmels willen verbreitet so einen Unfug? Haben das Marsianer plakatiert, die sich mittlerweile durch Zellteilung vermehren müssen, weil ihnen alle Frauen davongelaufen sind??!

Wirklich, SO mutig muss kein Mann sein. Oder anders gesagt: Ein Mann kann seinen Mut doch besser beweisen, meine ich, als seiner Liebsten zu stecken, dass er ihren Hintern zu fett findet und ihre Oberschenkel auch mal straffer waren.

Es gibt einfach Sätze, die darf ein Mann niemals, nie, unter keinen Umständen zu einer Frau sagen.

»Du bist zu dick« ist einer davon.

Selbst wenn deine Liebste mit zwanzig Kilo zu viel um sich rum vor dir steht und dich unglücklich fragt: »Bitte, sei ehrlich… Findest du mich zu dick?«, lass dich nicht darauf ein. Lüge, und gib ihr ein deutliches Nein. Zweifelhafte Komplimente wie »Ach, ich liebe jedes Pfund an dir« oder »Och, weißt du ... es stört mich gar nicht so« könnten schon mittlere Erdbeben auslösen. Und wenn du gar sagst: »Jau, mein Dickerchen, du hast ganz schön zugelegt, vielleicht machste mal 'nen Termin beim Fettabsaugen, ich würd's dir auch zahlen«, komm ich persönlich vorbei und stopf dir einen Knebel in den Mund! Also bitte! Auf welchem Niveau befinden wir uns hier? Bei dieser Frage will *keine* Frau, dass du ihr »ehrlich« sagst, was Sache ist. Lass doch die Dummen ehrlich sein! Wenn deine Süße abnehmen will, schafft sie das auch ohne dich und deine Wahrheiten.

Soll ich dir mal was sagen? Diese Frau, deren Mann du bist und bleiben willst, zweifelt grade an sich selbst, hat einen schlechten Tag und möchte eigentlich nur hören, dass du sie liebst und einfach ganz wunderbar findest. Und das, mein kluger Freund, sagst du ihr jetzt!

55. Schlaf nie mit ihrer besten Freundin

Junge, Junge, wenn du das machst, kannst du aber für immer einpacken!

So weit geht die Liebe deiner Frau zu ihrer Busenfreundin dann doch nicht, dass sie dich mit dieser teilen möchte. Das ist Verrat im ganz großen Stil. Du betrügst sie. Das ist schon bitter. Mit *ihrer* Freundin. Schlimmer geht's nicht. Und ihre Freundin, der sie immer alles anvertraut hat, hintergeht sie jetzt auch noch, die falsche Schlange. Das ist einfach zu viel, das ist der doppelte Schlag ins Gesicht, das ist der absolute Beziehungsgau! Ja, selbst unsere wilde und kommunenerprobte Uschi Obermaier hätte gestreikt, wenn so was hinter ihrem Rücken gelaufen wäre.

Glaub mir, es gibt Dinge, die kriegt man wieder hin, und es gibt Dinge, die kriegt man nie wieder hin. Und so eine Nummer verzeiht dir keine Frau. *Never ever!*

Entweder sie geht sofort. (Wenn du Pech hast, lässt dich die Freundin vor Schreck dann auch noch fallen. Alles schon vorgekommen.) Oder sie geht nicht und wird dir den Betrug bis an dein unseliges Ende bei jeder passenden und unpassenden Gelegenheit aufs Butterbrot schmieren, und ihre zutiefst verletzten Gefühle werden eure Beziehung allmählich vergiften.

Also bitte, geh noch mal in dich!

Muss es denn wirklich die Daphne sein? Ich meine, es gibt Millionen von Frauen auf diesem Planeten. Und jede, JEDE von ihnen ist besser als die beste Freundin deiner Frau.

Wenn du also unbedingt in anderen Jagdgründen wildern musst, weil sie dir (vorübergehend) grüner erscheinen, dann mach's bitte mit der Kollegin aus dem Ausland, der Bäckersfrau, dem Strandbikinimädchen oder der russischen Klavierlehrerin, zu der du einmal die Woche gehst. Da kommst du eventuell noch mal mit einem blauen Auge davon.

Und Casanova – ich bin dir übrigens auch nicht böse, wenn du es gar nicht machst. Ja, lass es doch einfach, und guck dir stattdessen einen Film mit Penelope Cruz an. Manchmal ist das die bessere Variante.

Nein. Ich bin nicht spießig und auch nicht sinnenfeindlich. Aber ich hab schon viel gesehen. Warum willst du dein Leben auf grässliche Weise verkomplizieren, wenn es dir eigentlich gefällt?

Ich meine, bist du scharf auf ungehäutete Kaninchen in Kochtöpfen oder heulende Frauen, die damit drohen, sich oder sie oder dich umzubringen? Auf ausgetauschte Wohnungstürschlösser und ein zerkratztes Auto? Bedenke, mein Freund, bei allem, was du tust, das Ende! Mehr möchte ich dazu nicht sagen. Du bist zwar ein Mann. Aber du bist erwachsen.

56. Lass sie nicht warten

Weißt du, warum Pünktlichkeit die Höflichkeit der Könige ist? Weil Prinzessinnen nicht gerne warten. Okay – im Märchen mag das anders sein: Da wartet Dornröschen ganze hundert Jahre darauf, wach geküsst zu werden, und Aschenputtel hockt unverdrossen hinter dem Ofen und harrt geduldig aus, bis der Prinz mit dem Schuh vorbeikommt, den sie verloren hat.

Die Prinzessinnen der Wirklichkeit jedoch, das kann ich dir versichern, haben nicht mehr alle Zeit der Welt, weil sie nun wirklich genug anderes auf die Reihe kriegen müssen. Ich meine – welche Frau sitzt denn heute noch mit dem Stickrahmen in einem Turm und wirft ab und zu ihr Haar herunter? Für die meisten Frauen ist es doch schon ein strategisches Problem, die Viertelstunde in ihr Tagespensum zu quetschen, in der sie ihr Haar überhaupt mal *waschen* können! Und diese gestressten Frauen, die dir ihre kostbaren Minuten schenken, werden dir, wenn du sie warten lässt, nicht glückselig entgegenhauchen: »Da bist du ja endlich … mein Prinz!« Sie werden dir was husten, und jetzt mal ehrlich: Wer eine Frau heute warten lässt, hat den Schuss nicht gehört. Es ist weder locker noch lässig, noch romantisch, noch besonders aufmerksam, geschweige denn höflich, wenn man die Dame seines Herzens im Restaurant allein den dritten Aperitif schlürfen lässt und sie den Werbungen des südländischen Oberkellners aussetzt (»Ooh, die wunderrrrschöne Signorrrra, so ganze allein? Luigi hade heude Abend noch Zeit …«). Und es ist auch nicht gerade der Knaller, wenn sie zu Hause zum fünften Mal den Auflauf aufwärmen muss, der – unter uns – dadurch auch nicht gerade besser wird. Wie übrigens auch ihre Laune. Ich meine, was erwartest du noch, wenn du sie so hängen lässt? So vergisst? So wenig wertschätzt?

Dem Himmel sei Dank, es gibt das Handy! Denkst du. Das perfekte Instrument für alle chronischen Zuspätkommer! Muss doch keiner mehr warten. Jedenfalls nicht uninformiert. Welch großer Spaß! Wartende Frauen finden das auch wirklich ganz wunderbar! Diese falsch verstandene Art von Pünktlichkeit macht die Sache nun auch nicht besser. Pünktlich zu sein bedeutet nämlich nicht, dass man pünktlich zum vereinbarten Zeitpunkt *anruft*, um ihr dann zu sagen, dass es eine halbe Stunde später wird. Das ist definitiv nicht die »Höflichkeit der Könige«, das ist Bullshit in höchster Vollendung. Und löst auch definitiv keine Freude aus. Na komm, du willst mir doch nicht erzählen, dass jedes Mal ein Erdbeben dazwischenkommt, wenn du dich verabredet hast?! Aaah … Schnickschnack! Jetzt guck halt mal auf deine großartige Uhr, und mach dich *rechtzeitig* auf den Weg. Eigentlich ist es doch ganz einfach: Du sagst, du bist um sieben Uhr zu Hause, und dann *bist* du um sieben Uhr zu Hause. Ich meine, wie soll eine Frau sich auf dich verlassen können, wenn du nicht mal *das* schaffst? Ein Mann, ein Wort. Und bei einem Rendezvous im Restaurant, Café oder Gartenpavillon bist du sogar schon zehn Minuten vor deiner Prinzessin da. Um *sie* zu erwarten. Das ist groß. Das ist edel. Das ist wahrhaft königlich!

57. Glaub ihr kein Wort, wenn sie auf deine Frage »Was hast du?« antwortet: »Nichts!«

Jetzt mal grundsätzlich: Wenn Männer schweigen und auf die Frage, was sie denken, antworten »nichts«, stimmt das fast immer. Männer freuen sich dann in der Regel auch, wenn man sie weiter »nichts« denken lässt.

Wenn du aber eine Frau fragst »Was ist?« und sie sagt »Nichts« und zieht weiter ihr Gesicht, dann hüte dich, mein Freund, die ganze Angelegenheit mit einem munteren »Na, dann ist ja alles gut« abzutun.

Nichts ist gut, und du bist ein unsensibler Klotz, der mal wieder nicht mitgekriegt hat, dass ihr eine Laus über die Leber gelaufen ist. Wenn du sie nämlich »wirklich« lieben würdest, dann wüsstest du genau, wie deine Liebste sich gerade fühlt. Hat sie nicht überdeutlich »NICHTS« gesagt. Hat sie dir nicht durch ihr (beleidigtes) Schweigen den wichtigen Hinweis auf die himmelschreiende Ungerechtigkeit gegeben, die ihr widerfahren ist?

Glaub mir, Frauen können gemeine Fallenstellerinnen sein. Aber du, du weißt jetzt Bescheid.

Also … du siehst sie einfach eine Weile nachdenklich an. Das wird ihr das Gefühl geben, dass du sie und ihre

Ge-füh-le ernst nimmst. Dann legst du ganz lieb den Arm um sie und sagst: »Aber Engelchen, ich spür doch ganz genau, dass du was hast. Willst du es mir nicht sagen, hmmm?« Da wird sie weich, wetten?

58. Nimm ihr den Wind aus den Segeln

Hat nicht geklappt? Sie hat sich bockig weggedreht und gesagt: »Ach, lass mich doch?« Kein Grund für dich aufzugeben. »Ach, lass mich doch« heißt einfach nur, dass sie noch ziemlich sauer ist. Es heißt *nicht*, dass du aufhören sollst in deinem Bestreben, gutes Wetter zu machen. Mann – sie ist eine FRAU, und die sagen in kritischen Situationen sowieso das Gegenteil von dem, was sie eigentlich wollen. »Nein« = »Ja«; »Hau doch ab!« = »Bleib bloß da«; »Dann bleiben wir eben zu Hause.« = »Ich will da unbedingt hin.«; »Du *musst* mich ja nicht fahren.« = »Wenn du mich nicht fährst, verzeih ich dir das nie…«; »Das musst du selbst wissen« = »Mach, was ich sage!«; »Lass mich in Ruhe!« = »Kümmere dich gefälligst um mich!« So sieht's aus. Fest steht – aus irgendeinem Grund, den du nie verstehen wirst, ist sie eingeschnappt. Und ich verrate dir jetzt, wie du das wieder hinkriegst.

Regel Nummer eins: Bleib souverän. Das ist das A und O.

Regel Nummer zwei: Zeig dich besorgt, und frag sie, was du falsch gemacht hast. (Mein Friedensfürst – *wir* beide wissen doch, dass du nichts falsch gemacht hast.

Aber SIE weiß das nicht!) Reich ihr den Ölzweig. Aber bitte! Die Betonung liegt auf *fragen*, und damit sind keine rhetorischen Fragen gemeint, die mit genervtem Augenverdrehen anfangen und mit Geschrei aufhören. Auf dein lautstarkes »Mein Gott, was hab ich denn jetzt schon wieder falsch gemacht, du kannst mich langsam mal!« wird sie nicht in der gewünschten Form reagieren.

Regel Nummer drei: Der Trick ist, dass du freundlich bleibst und signalisierst, dass du wirklich wissen willst, was mit ihr ist.

Vielleicht wird sich jetzt ein Schwall von Anschuldigungen über dich ergießen. Glaub mir, es lohnt sich meistens nicht, darauf einzusteigen. Warte einfach ab, bis sie fertig ist mit der Tirade, und dann nimmst du ihr mit einem zerknirschten »Sei mir wieder gut, Barbara« den Wind aus den Segeln. Das wird ihr glatt die Sprache verschlagen. Damit hat sie nicht gerechnet. Und wenn du darüber hinaus noch etwas TUN willst, um deine beleidigte Prinzessin zu versöhnen, dann habe ich einen tollen Tipp für dich:

59. Geh mit ihr Schuhe kaufen

Es ist der einfachste Weg, um eine Frau in einen wahren Glücksrausch zu versetzen. Überleg doch mal:

Was machen Frauen, die schlecht drauf sind? Sie kaufen Schuhe. Was machen Frauen, die gut drauf sind? Sie kaufen Schuhe.

Also – Frauen und Schuhe – das ist eine sichere Bank.

Mehr brauchst du eigentlich gar nicht zu wissen, aber der Vollständigkeit halber verrate ich dir jetzt, warum das so ist.

Schuhe kann man immer kaufen. An guten und an schlechten Tagen. Verliebt oder verlassen. Mit viel oder wenig Zeit. Man muss sich weder in grell ausgeleuchtete Umkleidekabinen quetschen, deren Spiegel böse Überraschungen zutage bringen, noch muss man sich großartig ausziehen. Man nimmt das Objekt seiner Begierde in die Hand, und drei Sekunden später ist man drin. Klasse! Gib zu, da drängen sich selbst dir gewisse wunderbare Bilder auf!

Na, und wenn der Schuh passt, nimmt man ihn gleich in jeder Farbe. Perfekt. Das ist die Ökonomie, die Frauen lieben.

Das wirklich Geniale, Beglückende, ja, Einzigartige am Schuhekaufen aber ist die folgende Geschichte: SCHUHE PASSEN IMMER!!!

Egal, ob man nun 50 oder 500 Kilo wiegt, ob man jung oder alt ist, blass oder braun – die Schuhgröße bleibt. Das ist ja das Tolle an Füßen, dass man an ihnen in der Regel nicht zunimmt. Welch ein Triumph über Zeit und Raum! Hach, und selbst wenn man der Verkäuferin gesagt hat »Die bitte in 38«, ist es kein Malheur, falls es am Ende doch Größe 40 wird. Dann fällt der Schuh eben klein aus, oder man hat einen hohen Spann, *who cares*?

Die Wahrscheinlichkeit, dass deine Sandy beim Schuhkauf mit dir einen nahezu orgiastischen Freudenanfall kriegt, ist also ziemlich groß. Aber nur wenn du Folgendes beachtest: Bleib ganz Zen, lass sie in Ruhe probieren, lächle, nicke, und denk an was Schönes. Und wenn du diese animierte Triebtäterin auch noch ins fünfte Geschäft begleitest, ohne maulend zu fragen, ob Düsseldorf, bitte schön, ein einziger Schuhladen ist, wird ihre Begeisterung für dich keine Grenzen kennen.

60. Massiere ihr die Füße beim Fernsehgucken

Also – wer auf so vielen Schuhen durchs Leben geht, der hat sich doch jetzt wohl mal eine kleine Belohnung verdient. Ich meine, warum gibt es denn High Heels, Stiefel und Riemchensandalen, aus denen rotgelackte Zehennägel wunderhübsch hervorschauen? Und wer profitiert letztlich davon? Na? Hast du's? Genau. Die mit den flachen Schuhen, die sich die Fußnägel nicht lackieren. Mit anderen Worten: Leute wie du!

Und deswegen und weil Frauen es nicht nur angenehm, sondern auch durchaus sexy finden, wenn man ihnen die Füße massiert – die Verbindung zwischen Füßen und anderen erogenen Zonen des Körpers ist ja in Zeiten der Fußreflexzonenmassage hinlänglich bekannt –, bist du jetzt dran! Lass ihr das lange Eck im Sofa, und widme dich ihren süßen Füßen. Das machst du ganz locker nebenher. Und wenn der Film dann aus ist … wer weiß … wer weiß …

61. Fahr um halb zwölf zur Tankstelle, und hol ihr die verdammte Nussschokolade!

Es gibt Situationen im Leben, da möchte man nicht gern ein Mann sein. Auch wenn die Steinzeit weit zurückliegt und moderne Frauen immer ganz genau wissen, was sie wollen, schlagen doch hin und wieder gewisse Urinstinkte durch. Und dann ist plötzlich klar: Der Mann muss hinaus ins feindliche Leben, er muss die Beute in die Höhle schaffen, auch wenn es mitten in der Nacht ist auf der Jagd nach einer verdammten Tafel Nussschokolade.

Ruhig Blut, jetzt lass die Keule mal stecken. Deine Birgit macht das nicht, um dich zur Raserei zu bringen. Es ist der Vollmond. Oder die zyklische Obsession. Bei Frauen spielen manchmal die Hormone verrückt (übrigens nicht nur, wenn sie schwanger sind), und dann kann so eine simple Schokolade sich in eine Sache von Leben und Tod verwandeln. Versteh doch bitte. Sie MUSS diese Schokolade haben. JETZT. Du hast einen weiblichen Maniac vor dir sitzen, der rationalen Argumenten nicht mehr aufgeschlossen ist. Es geht hier um Gelüste, die sich nicht verschieben (»Morgen?«) oder ersetzen (»Wir haben da doch noch die Gummibärchen«)

lassen. Da könntest du eher eine Fixerin davon überzeugen, dass sie doch stattdessen einen Apfel essen kann.

Fazit: Deine Frau will Schokolade. *The time is now!*

Natürlich wird sie es trotzdem akzeptieren, wenn du ihr an die Stirn tippst und sagst: »Du spinnst!« Im Grunde ihres Herzens weiß sie das ja selbst. Aber wenn du ein echter Kerl bist und weder Wind noch Wetter scheust, dann besorgst du deiner reizenden Verrückten das Gewünschte.

»*Chocolate is a perfect substance in an unperfect world.*« Und dass du sie holst, du bester Mann von allen, ist der ultimative Liebesbeweis.

Zumindest für heut Nacht.

62. Lass ihre kalten Füße zwischen deine warmen Beine

Na komm, du bist doch ein Netter! Hier kannst du dich nun wirklich gleichermaßen nützlich und beliebt machen. Ich weiß schon, kalte Frauenfüße sind nicht gerade die Spitze des Cool-Faktors. Aber immerhin hängt an diesen Mark und Bein durchdringenden Eiszapfen, die sich unerbittlich zwischen deine Extremitäten schieben und dir eine vage Vorstellung davon geben, dass du für eine Nordpol-Expedition nicht geschaffen bist, die Frau dran, die dein Bett mit dir teilt. Eine arme, frierende Frau, die sich diese Eisschollen auch nicht unbedingt ausgesucht hat und so! einfach! nicht! schlafen! kann!

Okay, das kannst du jetzt auch nicht, aber das Opfer hält sich doch in Grenzen. Ich meine, worum geht es hier in Zahlen? Zehn Minuten? Eine Viertelstunde? Dann werden ihre angewärmten Füßchen wie zufriedene kleine Kätzchen von dir abfallen, und noch bevor sie süß einschlummert, wird sie denken, dass es doch viel schöner ist, einen Mann im Bett zu haben, als ein Heizkissen.

Und du willst doch nicht irgendwann durch ein Heizkissen ersetzt werden, oder?

63. Dreh dich nicht wortlos zur Wand, wenn deine Prinzessin neben dir liegt

Also, das geht ja nun GAR nicht. *Faux pas, faux pas*, sagt der Franzose, der es wissen muss.

Ich rekonstruiere: Da liegt ihr zusammen im Bett. Und entweder hattet ihr grad wunderbaren Sex. Oder der Tag war so anstrengend, dass das Höchste der Gefühle noch ein paar Seiten in einem Buch sind. Alles okay so weit. Aber jetzt aufgepasst! Du bist nicht allein. DU BIST NICHT ALLEIN! Und deswegen kannst du dich auch nicht plötzlich und ohne ein Wort in deine Daunendecke wickeln und abdrehen. Ich meine, was für eine Vorstellung ist das? Vom Mann zur Mumie in drei Sekunden?

Ja, ich versteh schon, für dich ist jetzt Schicht im Schacht, und du willst einfach nur schlafen, ohne dich groß erklären zu müssen. Auf deiner Hälfte. Platz da! Herrlich! Licht aus! Aber während du da so wohlig liegst, starrt deine Liebste unter Garantie traurig Löcher in die gestreifte Rückansicht deines Pyjamas und überlegt, ob a) alles in Ordnung ist, b) du sie wirklich liebst und dass c) »früher« alles anders war.

»Oh mein Gott!«, stöhnst du. »Warum? *Warum?*«

Ja, wusstest du denn nicht, mein müder Freund, dass Frauen das Napfschneckensyndrom haben? Sie wollen Kör-per-kon-takt, vor allem kurz vor dem Einschlafen. Auch deine Prinzessin möchte noch was Liebes hören, bevor die Nacht kommt, sie möchte sich bei dir einkuscheln, oder du sollst noch mal deinen starken Arm um sie legen und sie kurz drücken. Komm, Tiger, tu's doch einfach! Es ist für dich 'ne Kleinigkeit, für sie um so vieles netter, und eine zufriedene Frau lässt dann auch dich gerne schlafen.

64. Vergiss den Gute-Nacht-Kuss nicht

Wo wir schon mal bei den goldenen Regeln des Miteinanders im Matrimoniale sind – es gibt Rituale, die sind gaaanz wichtig. Der Gute-Nacht-Kuss gehört dazu. Unterschätze nicht diesen kurzen Moment, in dem sich eure Lippen wie selbstverständlich berühren, um sich ohne große Worte zu versichern: Wir gehören zusammen. Du bist meine Frau, ich bin dein Mann.

Und egal, ob es ein sanftes Küsschen ist oder der unerwartete Auftakt zu einer leidenschaftlichen Liebesnacht – ein Gute-Nacht-Kuss ist einfach der schönste Schlusspunkt, den du unter euren gemeinsamen Tag setzen kannst.

65. Sei Kavalier, und kratz ihr im Winter morgens die Scheiben frei

Also – mit solch außerordentlichen Einfällen kannst du dich nun wirklich beliebt machen. Im Grunde ist es ja schon schlimm genug, dass deine Holde in dieser Eiseskälte morgens los muss, um ihrer Arbeit oder ihren Einkäufen nachzugehen oder das Taxi für die Kinder zu spielen. Wenn eine Frau um diese Uhrzeit Auto fährt, dann gewiss nicht zum eigenen Vergnügen, sondern sowieso meistens im Dienste anderer. Ist es da nicht einfach menschlich und fair, ihr eine kleine Starthilfe in den Tag zu geben? Du bist ein Schatz, ich wusste es!

66. Nimm ihr die Einkaufstüten ab. Und trag die Sprudelkästen

Weißt du, wie Frauen Männer nennen, die diese Dinge im Griff haben? *Alltagstauglich*. Das hört sich in deinen Ohren vielleicht zunächst nicht sehr prickelnd an, aber glaub mir, es ist ein großes Kompliment. Frauen lieben alltagstaugliche Männer! Gut, sie verlieben sich manchmal auch in andere Männer, aber am Ende sind es immer die alltagstauglichen, die den Sieg davontragen.

Wenn deine Liebste also das nächste Mal vom Großeinkauf zurückkommt, stürzt du ihr entgegen und entreißt ihr die Einkaufstüten mit einem entsetzten »Das ist doch viel zu schwer für dich, Marianne!!!«.

Frauen schätzen es zwar nicht, wenn man sagt, etwas sei *zu schwierig* für sie, aber *zu schwer*? Das ist voll okay, da fühlt sich jede Frau irgendwie gut, das geht keinesfalls gegen die Ehre. Höchstens gegen die deine. Gewiss, es mag afrikanische Dorfgemeinschaften geben, wo Frauen die Lastenträgerinnen sind und sich das auch nicht nehmen lassen wollen. Aber jenseits von Afrika gilt: Die schweren Dinge trägt der Mann. Und dazu gehören nun mal auch Sprudelkästen. Ich meine, hast du schon mal von Sprudelkästen tragenden Elfen gehört?

Was sagst du, deine Frau IST keine Elfe? Ach, was weißt du schon von Frauen? Jede Frau ist eine, auch wenn du das nicht immer siehst!

67. Denk an den Hochzeitstag …

Und den darfst du jetzt ganz problemlos ersetzen durch Geburtstag, Jahrestag, Namenstag, Valentinstag, Muttertag, Weihnachtstag, Ostertag, Nikolaustag und was ihr sonst noch so einfällt. Übrigens: Du weißt schon – »daran denken« ist ein weiblicher Euphemismus für »sich Gedanken machen, wie du ihr eine Freude bereiten kannst«. Es ist also nicht damit getan zu sagen: »Herzlichen Glückwunsch« oder »Frohe Weihnachten«.

In Wirklichkeit bedeutet »daran denken«, dass du was TUN musst, nämlich: Blumen kaufen, Lieder singen, Karten schreiben, Geschenke einpacken, Kerzen aufstellen, Frühstückstisch decken, Mandoline unter ihrem Fenster spielen, zum Juwelier rennen, ein Gedicht schreiben, Nikolausstiefel mit Marzipankartoffeln füllen, im Internet Bücher und CDs bestellen, Ostereier verstecken, Tisch reservieren … Na, nun werd mal nicht blass. Ist ja alles nur einmal im Jahr. Und es gibt doch diese wunderbaren Jahresplaner, wo man sich alles eintragen kann.

68. Verführe sie an einem lauen Sommerabend

Wenn du keinen Garten dein Eigen nennst, kann's auch die Parkbank auf dem alten Nördlichen Friedhof sein, eine Wiese am Ufer der Rheinauen oder das Stuttgarter Lapidarium (macht nichts, nur wenige wissen, was das ist!). »Es« draußen zu tun hat seit der Vertreibung von Adam und Eva aus dem Paradies für Frauen nichts von seinem Reiz verloren. Amouröse Spiele unter freiem Himmel sind nun mal das Aufregendste, was die Natur zu bieten hat. Und die Gefahr des Entdecktwerdens durch Dritte gibt dem Ganzen noch zusätzlich etwas herrlich Verbotenes. Mag sein, dass sie dich kichernd zurückweist mit dem Hinweis darauf, dass jemand »uns sehen könnte«, aber glaub mir: Sie will es! Seit der Geschichte mit dem Apfel wissen wir doch, was Frauen wirklich anmacht. Also führ sie ins Paradies! Und wenn du deine Titania nicht gerade auf einen Ameisenhaufen bettest, kann ich dir versichern, dass es für sie kaum ein sinnlicheres Vergnügen gibt als diesen Sommernachtstraum aus lauer Luft und heißer Liebe und diesem einen, unvergesslichen Blick in den Nachthimmel.

69. Mach's mit ihr vor dem Kamin

Ein Mann, eine Frau, ein flackerndes Feuer. Ich meine, kann man das Klischee noch toppen? Nein. Deswegen: Wenn du dich unsterblich machen willst, Zorro, mach's mit ihr vor dem Kamin! Ja, du hast richtig gehört. Vor dem prasselnden Feuer, im rötlichen Schein der Flammen mit einem Mann zu schlafen ist nun mal die erklärte Lieblingsfantasie aller Frauen. Ein Bild, seit Urzeiten fest eingebrannt im weiblichen Hirn. Jede Frau träumt davon. Liebe vor dem Kamin, das ist Leidenschaft pur, da sprühen die Funken, da brennt die Glut, und das Beste: Die Füße sind immer warm!

Also, worauf wartest du noch? *Keep the fire burning!* Schichte das Holz auf, entzünde das Feuer, bau deiner Scheherazade ein Lager aus weichen Kissen. Eine Flasche Rotwein, zwei Gläser – perfekt!

Und egal wie kalt der Winter ist – das wird der heißeste Abend des Jahres!

70. Tröste sie RICHTIG

Ja, lieber Freund, ich weiß schon – heulende Frauen sind die Pest. Aber das Gute am Schlechten ist, dass es eigentlich ganz einfach ist, sie zu trösten. Vom richtigen Umgang mit heulenden Frauen kann ich dir 'ne Menge erzählen.

Zum Einstieg für dich ein kleiner Test.

Was tust du, wenn ihr abends am Tisch sitzt und deine Liebste bricht plötzlich und ohne jeden Grund in Tränen aus?

a) Du springst auf und stößt genervt hervor:
»Mein Gott, was ist denn nun schon wieder los?!«
b) Du beißt stumm in dein Leberwurstbrot und
denkst: PMS. Das hat mir gerade noch gefehlt.
c) Du klopfst ihr kurz auf die Schulter und sagst:
»Na komm, jetzt reiß dich mal zusammen.«

Mein lieber Freund, du ahnst es sicher schon – keine dieser Antworten ist richtig. Frauen, die ihre Schleusen geöffnet haben, sind weder mit Drohgebärden noch Lass-den-Kelch-an-mir-vorüberziehen-Gebeten, noch unsensiblen Durchhalteparolen zu stoppen.

Damit machst du alles nur schlimmer. Wir wissen ja noch gar nicht, was dein Engel überhaupt hat. Es kann was ganz Banales sein (drei graue Haare auf dem Kopf) oder was wirklich Schlimmes (Krach mit der besten Freundin). Wichtig ist, dass du nicht sofort lautstark Erklärungen forderst. Zuwendung ohne Fragen, lautet die Zauberformel.

Als Erste-Hilfe-Maßnahme empfehle ich folgendes Vorgehen:

Du nimmst deine Liebste mit den Worten »Ach, mein armes Schätzchen, jetzt komm mal her«, ganz fest in den Arm und murmelst Sätze wie »Ist doch alles halb so schlimm« oder »Das wird schon wieder«. Klar sind das Allgemeinplätze. Aber das Wunderbare an ihnen ist, dass sie IMMER funktionieren!

Zur Ersten Hilfe gehört klassischerweise, dass du ihr etwas Unverfängliches anbietest wie beispielsweise ein Heißgetränk, eine Decke und – so die Situation es erfordert – starke Alkoholika in kleinen Dosen.

71. Bombardier sie nicht mit Lösungsvorschlägen

Eins muss dir klar sein: Frauen, die ein Problem haben, wollen in erster Linie darüber REDEN. Sie wollen ANTEILNAHME.

Was sie nicht wollen, ist, dass du ihnen innerhalb von drei Sekunden eine Lösung aufs Auge drückst. Statt also kernige Sätze zu bringen wie »Ich wusste immer schon, dass die Gaby dich nur ausnutzt. Dann triff dich halt nicht mehr mit ihr« oder »Keiner zwingt dich dazu, Überstunden zu machen – ich hab dir schon vor Monaten gesagt: Rede mit deinem Chef!«, solltest du lieber ihre Hand halten und sie ausschluchzen lassen. Wenn sie dir dann ihr Problem in allen schrecklichen Details schildert, hörst du ihr geduldig zu. Und auch wenn du schon nach dem ersten Satz eine Lösung parat hast, halte dich zurück! Frauen freuen sich über ein emotionales Feedback, nicht über ein strategisches. Hoch im Kurs stehen Mitfühlsätze wie: »Ach, du Arme!«, »Mein Gott, dass ist ja echt schlimm!« Oder: »Ich kann dich so gut verstehen – das würde mich auch total fertigmachen.«

Da staunst du, was? Aber mehr braucht es wirklich nicht, damit eine Frau sich von dir verstanden fühlt.

72. FRAG sie, was du für sie tun kannst

Mein guter Hirte, bis jetzt hast du alles richtig gemacht. Frauen in der Krise sind allerdings oft etwas diffus und werden nicht selten ungerecht. Um dich selbst unangreifbar zu machen und einen sanften Einstieg in die »Problemlösung« zu finden, solltest du an dieser Stelle schlicht und ergreifend *fragen,* was du für sie tun kannst.

Wenn sie dann sagt: »Ach … ich weiß auch nicht …«, ist der richtige Zeitpunkt gekommen, um deine wunderbaren Lösungsvorschläge zu präsentieren.

73. Hab immer ein Taschentuch für sie dabei

Es ist eines der unerklärlichen Phänomene weiblicher Tragödien, dass Frauen nie ein Taschentuch dabeihaben, wenn sie es wirklich brauchen. Zwar hätten sie genug Platz in ihren süßen kleinen Handtaschen, die sie immer mit sich herumschleppen und in denen man sonst wirklich alles finden kann – vom Survival-Kit bis zum King-Size-Fotoalbum –, doch bei Notfällen dieser Art ist deine Frau am Rande des Nervenzusammenbruchs nun mal auf dich, du allzeit bereiter Beschützer, angewiesen. Der Lohn für deine Mühe werden ein verschnieftes »Danke« und ein treuherziger Augenaufschlag sein. Endlich mal ein Mann, der etwas Sinnvolles aus seiner Hose zieht.

74. Sei nachsichtig, wenn sie ihre Tage hat

Einmal im Monat ist deine Liebste nicht sie selbst. Plötzlich ist alles sinnlos, die Liebe vergänglich, die Arbeit unbefriedigend, die Kinder undankbar, man selbst hässlich und zu dick, und das ganze Leben erstreckt sich vor einem wie ein unendliches graues Land.

Manche Frauen versinken in der Drei-Tage-Depression, andere werfen Teller an die Wand und wollen sich scheiden lassen, nur weil du gefragt hast, ob es zu den Linsen diesmal keine Spätzle gibt.

Bleib gelassen. Es sind nur die Hormone, es hat nichts mit dir zu tun. Wenn es also demnächst wieder zum zyklischen Tiefpunkt kommt, nimm deine Liebste nicht beim Wort. Nimm sie in den Arm, und sag ihr, dass du sie liebst, dass sie nicht zu dick ist, dass du an allem schuld bist und dass sie überhaupt die Beste ist.

Sei froh und dankbar, dass du keine Tampons brauchst, und denk immer daran: Es geht vorüber …

75. Bring ihr Blumen mit

Ha! wirst du jetzt sagen. Wiederholung!!! Das hatten wir doch schon. Ja, das hatten wir schon.

Und das, mein Lieber, ist gerade der Punkt. Manche Dinge kann man nicht oft genug wiederholen. Blumen schenken gehört dazu. Ja, hast du etwa gedacht, einmal reicht für ein ganzes Leben? Nicht bei einer Frau. Das kannst du jetzt lästig finden, und ja, ich gebe zu, Frauen *können* in diesem Punkt lästig sein. Aber leider gibt es hier nur zwei Möglichkeiten: Entweder du machst dich auf Dauer unbeliebt (»Nie bringst du mir Blumen mit!«). Oder du bist schlau und schenkst die Sträuße nicht nur an hohen Feiertagen oder wenn deine Frau im Krankenhaus gerade Zwillinge entbunden hat. Sondern einfach mal an einem ganz normalen Dienstag. Eins kann ich dir versprechen: Du wirst staunen!

76. Organisiere eine Überraschungsparty zu ihrem Geburtstag

Sie wird dich dafür lieben, wird noch jahrelang davon sprechen, und alle ihre Freundinnen werden dich schmachtend und verträumt ansehen und denken: Ach ...!

Eins musst du allerdings im Auge behalten, damit das Ganze ein voller Erfolg wird: Auf dieser Party ist sie nicht die Küchenfee. Wenn du bloß heimlich Leute einlädst und ihr dann doch die ganze Verantwortung überlässt, kannst du die Sache auch gleich knicken. Also – das hat sie doch in der Regel jeden Tag am Hals. Besorg die Getränke, bestell das Essen. Und sorg dafür, dass sie an diesem Abend nicht ein Glas auffüllt (nicht mal ihr eigenes!), geschweige denn einen Teller abräumt.

Wenn sie dann gefragt wird, wo der Braten steht, und nur glücklich seufzt: »Irgendwo in der Küche – ich bin heute hier nur Gast«, dann, mein Lieber, hast du ALLES richtig gemacht. Bravo!

77. Lobpreise ihr köstliches Essen

Dass die Liebe durch den Magen geht, ist ein wunderbarer Satz. Mit Sicherheit sogar einer, der auf DICH zutrifft. Ich meine, nicht alle Männer kochen gut, aber ich kenne keinen Mann, der nicht gerne gut isst. Und die wenigsten Männer, da wirst du mir recht geben, sind begnadete Bauchredner.

Mit anderen Worten – da dein Bauch in der Regel nicht zu dieser wunderbaren Drei-Sterne-Köchin sprechen wird, die dir erwartungsvoll gegenübersitzt, musst du schon selbst ein kleines Wort darüber verlieren, wie vorzüglich, köstlich, lecker, schmackhaft, deliziös und großartig das ist, was sie gerade auf deinen Teller gezaubert hat.

Und bitte! Sätze wie »Meine Mutter hat da immer Kapern rein getan« oder »Das Fleisch ist irgendwie zäh« solltest du ebenso vermeiden wie exzessives Kauen, Schmatzen und Schlürfen mit Blick auf die Tageszeitung neben dir. Wo möchtest du denn künftig essen? Bei Mama? In der Fernfahrerkneipe?

Kochen ist – in zeitlichen Dimensionen gesehen – eine reichlich undankbare Angelegenheit. In drei Stunden gekocht, in drei Minuten verschlungen – ich meine, wem soll so etwas Spaß machen, ohne irgendeinen Ausgleich? Eine Anerkennung? Ein liebes Wort?

Schaufele also nicht stumm deinen Teller leer, sondern würdige ihr wunderbares Essen spätestens nach dem ersten Bissen.

Wenn sie fragt, ob's schmeckt, bist du schon zu spät!

78. Gib ihr einen Kuss in den Nacken, wenn sie in der Küche steht ...

Frauen lieben diese kleinen unerwarteten Zärtlichkeiten. Du kannst es auch an der Supermarktkasse machen, auf der Rolltreppe, im Theater oder wenn sie im Sessel sitzt und liest. Ja, sogar wenn sie am Bügelbrett steht oder im grauen Alltag des Waschkellers tief versunken ist, wird das in den meisten Fällen ein Lächeln auf ihre Lippen zaubern, weil sie sich von dir begehrt fühlt.

79. Aber steh nicht hinter ihr, wenn sie sich die Haare macht!

Denn das hassen Frauen wie die Pest.

Okay – ich gebe zu, das klingt jetzt erst mal unlogisch. Aber du weißt ja, dass du nicht alles verstehen musst.

Oder kennst du den *bad hair day*? Nö? Nie gehört? Das dachte ich mir. Aber auch wenn DU ihn nicht kennst – glaub mir, es gibt ihn! Und dann sind Frauen am Rande des Nervenzusammenbruchs. Sie versuchen es mit dem Stielkamm, mit der Bürste, mit dem Föhn. Und immer immer wieder sehen die Haare einfach scheiße aus. Dann brauchen weibliche Wesen vor allem eins: absolute Ruhe! Zeit! Geduld!

Was sie nicht brauchen, ist ein Mann, der hinter ihnen scharrt und fragt, wann sie endlich fertig sind!

80. Geh mit ihr aus

Tja, ich sag's nicht gern, aber wenn es stimmt, dass Männer in der ersten Phase einer Beziehung Jäger sind und anschließend ... na ja ... Sammler, was sind dann Frauen? Zunächst Gejagte, sprich heiß Umworbene, dann Beute, dann Sammlerstück, dann Staubfänger im Regal des Lebens?

Mein Guter, wenn du dich darüber beschwerst, dass deine attraktive, einstmals so aufregende Frau allmählich zum Schlabberlook-Albtraum im aschgrauen Jogginganzug wird, dann frag dich doch mal, ob diesem weiblichen Wesen eventuell die männliche Herausforderung fehlt?

Dir reicht vielleicht der Blick in den Spiegel, deine Schöne jedoch will sich in deinem Blick gespiegelt sehen. Und wenn nicht in deinem, dann in dem anderer Männer. Bewunderung ist das Lebenselixier der Frauen, wusstest du das nicht?

Auch wenn DU für die nächsten hundert Jahre mit einem guten Bordeaux und dem entsprechenden TV-Kanal ein Leben als *couch potato* sehr gemütlich findest – deine Frau will raus! Sie möchte sich zeigen, und glaub mir, nicht mal die naturstofffanatischste Ökoliesel wird im Hausanzug antreten, wenn es gilt, sich der Welt zu zeigen.

Bevor dein Weib also gänzlich mit der Tapete verschmilzt, weil du sie siehst und doch nicht SIEHST und ihr beide unglücklich werdet, gib ihr eine Chance! Mach sie sichtbar, und führ sie aus!

Ich meine, war sie nicht die schönste Fee des Universums, *the one and only*, die Sonne deines Lebens? *What happened?!*

Also – mir ist schon klar, dass du das Tempo, das du im Überschwang der ersten Wochen an den Tag gelegt hast, auf Dauer nicht durchhalten kannst. Kein Mann kann das. Aber wir reden hier von einem kleinen romantischen Abend jenseits von Haushalt, Kindern und Karriere, an dem du dich einfach mal aufraffst und deiner Liebsten die Gelegenheit bietest, das zu sein, was sie unter dem ganzen Alltagsstaub immer noch ist: dein Zaubermädchen.

81. Sei ein bisschen eifersüchtig auf andere Männer …

Gemach, Othello, ich sagte EIN BISSCHEN! Du musst nicht gleich in einen Blutrausch geraten und jedem Typen, der deine Holde länger als drei Sekunden interessiert ansieht, mit dem Schrei »Du Hurensohn, ich bring dich um!« eine reinhauen. Auch wenn der nette Kollege aus der Kanzlei mit ihr in dieser Woche bereits das zweite Mal zu Tisch war, sollte das kein Grund für eine Szene sein: »Was soll das heißen, ihr habt euch eine Pizza geteilt? Dann geh doch gleich mit ihm ins Bett!« Bitte – mach dich nicht lächerlich! Es ist nur eine Pizza. Und ein Satz wie »Wieso kennt der Briefträger eigentlich deinen Vornamen?« ist genauso unsexy wie permanente Kontrollanrufe auf ihrem Handy oder bohrende »Wo-warst-du«-Fragen. Jede Frau braucht diese kleinen Auszeiten, die sie nicht erklären muss. Vielleicht hat sie in irgendeinem Café gesessen und eine Zigarette geraucht, vielleicht hat sie noch schnell eine Freundin besucht oder eine Jeans anprobiert. Lass ihr die kleinen Fluchten, und mach dich nicht zur menschlichen Webcam. Es nervt!

Aber Achtung, Achtung, Achtung!

Ein Mann, der NIE eifersüchtig ist und nicht mal mitkriegt, wenn seine Liebste plötzlich zehn Kilo abnimmt, eine neue Friseur hat und bereits morgens in schwarzer Seidenunterwäsche das Haus verlässt, ist irgendwie fad und hat es dann auch nicht besser verdient.

Zu große Nonchalance in diesen Dingen ist für eine Frau geradezu beleidigend. Ich meine, was geht ab, Cowboy? Bist du Buddhist und jenseits aller fleischlichen Begierden? Hast du gar keine Angst, dein Goldstück zu verlieren? Ist sie dir total egal?

Du hättest dich wohl nicht für Bridget Jones geprügelt, was? Also … ich muss schon sagen!

Ein echter Mann überlässt seinem Rivalen doch nicht kampflos das Feld. Und er zeigt seiner Frau immer, dass er in der Lage ist, auf sie aufzupassen.

Wenn deine Schöne also das nächste Mal heftig mit dem brasilianischen Barkeeper flirtet, weist du ihn mit einem Augenzwinkern in die Schranken und sagst: »Ich muss diese Dame jetzt leider kurz entführen, mixen Sie uns doch schon mal die Martinis …« Dann legst du den Arm um dein Bond-Girl und küsst ihr den Hals. Und wenn du ihr dann noch ins Ohr flüsterst, dass du eben ein kleines bisschen eifersüchtig gewesen bist, geht die Runde klar an dich.

82. … aber sei nicht eifersüchtig auf ihren Erfolg

Denn das wiederum braucht eine Frau so nötig wie einen Kropf. Mal ehrlich – wenn du ihr das Leben zur Hölle machst, weil sie beruflich erfolgreich ist (eventuell erfolgreicher als du?!), wirft das ein sehr schlechtes Licht auf dich. Ich meine, hat Angie Merkels Mann sich gleich umgebracht, nur weil seine Frau Bundeskanzlerin wurde? Was bist du? Eine missgünstige Spaßbremse? Ein Mann, der in Konkurrenz zu seiner eigenen Frau steht? Ein uncooler Typ, der es nicht erträgt, dass seine »Kleine« auch mal groß rauskommt? Mööönsch, bleib locker! Man muss auch jönne künne, sagt der Kölner. Bemerkungen wie »Stell dir doch dein Bett im Büro auf!«, »Du kriegst doch immer alles auf dem Silbertablett serviert« oder »Was hast DU schon für einen Stress? Die ganze Buchmesse ist doch eine einzige große Party« haben einfach kein Niveau. Jedenfalls nicht deins.

Eine weise Frau hat mal zu mir gesagt: »Liebe ist die Freude, den anderen wachsen zu sehen.« Du musst zugeben, da ist was dran.

83. Melde dich einfach mal zwischendurch

Weißt du, ein Anruf MUSS ja gar nicht immer lang sein. Du kannst entspannen. Auch kurze Zwischenmeldungen können in Frauenohren ganz wunderbar klingen. Vorausgesetzt die Botschaft stimmt.

Wie also lautet die deine?

»Ich bin jetzt in Bietigheim-Bissingen.«

»Es wird später.«

»Mir ist schlecht.«

»Was gibt's zu essen?«

»Hol du die Kinder ab, ich schaff's nicht.«

»Ich steh hier gerade vor einem su-per-tollen Akkuschrauber, soll ich den gleich mitbringen? «

Hmmm ... ach nö ... so was wollen wir nicht hören. Von unserem ... SCHATZ!

Lieber wär uns, na ja, etwas *Persönlicheres*, mit anderen Worten, etwas, das mit uns zu tun hat. So etwas wie:

»Ich bin jetzt ... auf dem Weg zu dir.«

»Es wird später ... weil ich noch unbedingt am Blumenladen vorbei will.«

»Mir ist schlecht ... vor Sehnsucht.«

»Mach dich hübsch, wir gehn heut essen.«

»Meinst du, die Kinder könnten bei deiner Mutter übernachten?«

»Ich steh hier gerade vor einem su-per-süßen Nachthemd, soll ich das gleich mitbringen …«

Großartig! DAS wär's doch!!!

Du findest das unrealistisch? Okay, okay, ich gebe zu, das fällt bereits unter »Kurztelefonate für Fortgeschrittene«. Aber einfach mal so ein kleines »Ich dachte grad an dich« zwischendurch, ein »Ich freu mich auf heut Abend« oder »Ich hätte dich jetzt gern bei mir« wär schon ein verheißungsvoller Anfang!

84. Zeig Gefühl …

Dass Männer starke Gefühle haben, ist bekannt. Dass sie sie meistens nicht zeigen können, auch. Was schade ist. Nichts berührt eine Frau mehr als ein Mann, der es ihr für einen kurzen Augenblick erlaubt, einen Blick in sein Innerstes zu werfen. Ein Mann, der weint? Ehrlich, das bricht uns fast das Herz. Ein Mann, der mitfühlt? Wunderbar. Ein Mann, der vor Freude einen Luftsprung macht, weil wir wieder da sind? Wie schön!

Nein wirklich – du musst nicht immer der Fels in der Brandung sein, der alles an sich abprallen lässt. Unbewegt. Stoisch. Stumm.

Im Grunde sind die Regeln fürs Gefühlezeigen doch relativ simpel. Wichtig dabei ist, dass du ein Gespür (jetzt hätt ich fast »Gefühl« gesagt, zwinker!) dafür entwickelst, was bei den Frauen ankommt und was nicht. Und das geht so:

Freuen darfst du dich eigentlich immer. *Sehnsucht bekunden* auch. *Tränen vergießen* darfst du beim Tod deiner Mutter, bei der ergreifenden Rede vom *best friend* zu deinem runden Geburtstag, wenn deine Liebste dir sagt, dass sie ein Kind von dir bekommt, und wenn du ihr nach einem schrecklichen Streit gestehst: »Ich will dich nicht verlieren«, und ihr euch ergriffen in den Armen liegt.

Große Momente brauchen große Gefühle. Damit haben wir Frauen kein Problem – im Gegenteil. Also, nur Mut:

Feel big and show it!

85. … aber sei kein Weichei

Okay. Auch der stärkste Mann kann mal völlig am Ende sein und sich von seiner Liebsten trösten lassen, ohne dass ihm gleich ein Zacken aus der Krone bricht. Frauen sind da sehr verständnisvoll.

Aber Vorsicht! »Gefühl zeigen« heißt nicht, sich ununterbrochen im Sumpf des Selbstmitleids zu suhlen. Das haben einige Jungs falsch verstanden, und ich hoffe, du bist keiner von denen.

Wenn du jeden dritten Tag am Küchentisch den Kopf in die Hände vergräbst, weil du »einfach nur fertig bist«, und Sätze hervorstößt wie »Ich kann nicht mehr«, »Ich hab ja eh nie Glück«, »Ich finde alles so sinnlos« oder »Ich weiß nicht mehr, was ich tun soll«, sind das zwar starke Ich-Botschaften, aber sie werden deine Herzallerliebste auf die Dauer wenig freuen.

Ich meine, was bist du? Pechmario auf Titanic-Kurs? Bitte, reiß dich zusammen! So ein Verhalten verunsichert Frauen ganz fürchterlich, ja, sie finden es geradezu beängstigend! Da schrillen alle Alarmglocken! Da schwebt das große P unheilvoll durch den Raum. Da tun sich Abgründe auf.

Es ist doch so: Wenn schon die Männer nicht mehr wissen, was sie tun sollen, worauf darf man dann in dieser Welt noch hoffen?

Klar haben Frauen gern einen *gefühlvollen Mann* an ihrer Seite (s.o.). Aber, Amigo, lass dich nicht täuschen – die Betonung liegt auf Mann und nicht auf Memme. Zeig mir eine Frau auf diesem ganzen großen Erdenrund, die ein Weichei zum Mann haben will! Dann schon lieber ein weiches Ei zum Frühstück.

86. Jammere ihr nicht täglich die Ohren voll von deinem Scheiß-Chef

Oder deinen Scheiß-Kollegen. Oder deinen Scheiß-Angestellten.

Mit anderen Worten: Mach aus deinem Beruf keinen Fortsetzungskrimi für die ganze Familie. Keine Frau möchte ihr ganzes Leben verbringen mit täglichen Schreckensgeschichten über »Herrn Sumpfmeier«, »Frau Häberlin« oder »diesem Arschloch von Hinterhuber«.

Klar kannst du deinem Ärger auch mal zu Hause Luft machen. Aber das sollte die Ausnahme sein.

Lass deine Feinde in der Firma. Im Zweifelsfall ist der *Tatort* am Sonntagabend dann doch spannender.

87. Sei großzügig

Man muss nicht im Club der Superreichen sein, um sich Großzügigkeit leisten zu können. Großzügigkeit ist eine Einstellung jenseits von Konto und Karriere. Ein großzügiger Mann weiß um die tiefere Bedeutung dieses Wortes: Er ist »groß« und dabei »zügig«. Mit anderen Worten: Er tut seiner Liebsten etwas Gutes und zögert dabei nicht eine Sekunde. Und genau das ist es, was Frauen einfach umhaut.

Du musst doch selbst zugeben, dass es von sehr begrenztem Charme ist, wenn du wochenlang lamentierst, dass alles so teuer ist und dass ihr euch das eigentlich gar nicht leisten könnt, um ihr dann endlich ihren Wunsch zu erfüllen und dabei schon erneut Klagegesänge anzustimmen, weil dein schönes Geld den Weg alles Irdischen geht und du demnächst unter den Brücken schlafen musst. Nee, ehrlich, dann lass es lieber ganz!

Wenn du gibst, dann gib mit offener Hand, und lass den Taschenrechner stecken. Und wenn du am Valentinstag mit ihr in die Parfümerie gehst und die Verkäuferin sagt: »Diesen Duft gibt es in drei Größen, welche möchten Sie?«, sagst du natürlich: »Die große Flasche!« Ist doch Ehrensache!

Noch eins solltest du im Auge behalten, wenn du einer Frau etwas schenkst:

Ein überdimensionierter Blumenstrauß mit einem schönen Gedichtband wird sie mehr beeindrucken als ein Haushaltsgerät zum gleichen Preis.

Das winzigste Dessous von La Perla schlägt locker zwanzig Pakete Damenunterwäsche von Tchibo.

Und selbst wenn du ihr nur eine Bratwurst »schenkst«, sollte es die beste sein, die in der ganzen Stadt zu haben ist.

88. Lass fünf gerade sein.

Denn das, *mon ami*, ist die Großzügigkeit des Herzens.

Na schön, du hast mal wieder recht gehabt, *so what*?! Ich meine, willst du wirklich so ein Petit-Bourgeois sein, so ein eng gestrickter, pedantischer Typ, der mit dem Finger übers Regal streicht, nach Staubkörnchen sucht und nichts Besseres zu tun hat, als auf seiner fehlbaren Liebsten herumzuhacken. Bist du auch so einer, der ständig zetert: »Das hab ich doch gleich gesagt«, »Ich wusste es« oder »Siehst du, ich hatte recht«?

Ja, du bist toll und weißt immer alles ganz genau. Rahm's dir ein, aber erspar uns das Geschrei! Dieses Nachkarten ist wirklich nicht fein!

Natürlich gibt es Situationen im Leben, wo es auf Genauigkeit ankommt. Das bestreite ich ja gar nicht. Wenn du bei Rot über die Ampel braust und rufst, es sei doch noch fast Grün, ist das fahrlässig. Aber, bitte – wir sind auch nicht in der Elefantenrunde, wo Politiker mit nahezu orgiastischem Eifer ihre Zettelchen hervorziehen und triumphierend schreien: »Am 22. August letzten Jahres haben Sie, lieber Herr Grünberger, wortwörtlich gesagt – Moment … ich zitiere – ›es wird keine

Umsatzsteuererhöhung geben‹, und daraufhin sagte der verehrte Herr Kollege Wichtelhuber …«

Was willst du ihr denn beweisen, Herr Haberecht? Dass der Weg über die Mühlheimer Brücke der kürzere ist? Dass die Socken doch in der obersten Schublade liegen? Dass sie gesagt hat: »Bin in zehn Minuten zurück«, und dann drei Stunden gebraucht hat? Oder dass das Flugzeug nicht um 14 Uhr 30 abflog (wie du gesagt hast!), sondern um 14 Uhr 10?

Jetzt ist doch eh schon alles gelaufen. Und, mal unter uns, wenn deine Frau Mist gebaut hat, weiß sie das selbst nur zu gut. Pack also das Seziermesser wieder weg, mach aus der Fünf eine Sechs, und wenn du es dann noch schaffst zu sagen: »Na ja, das kann ja jedem mal passieren …«, kriegst du einen dicken Kuss von mir.

89. Lass sie am Wochenende ausschlafen

Ich meine, es wäre doch wunderbar, wenn der Startschuss für den Tag auch mal fällt, ohne dass die Herrin des Hauses auf den Plan treten muss. Mal ehrlich, das muss sie schon die ganze Woche.

»Wenn ich am Wochenende nicht aufstehe, passiert gar nichts«, hat neulich eine Frau zu mir gesagt. Ich hoffe, es war nicht deine Frau?!

Also, wenn du am nächsten Sonntag erwachst, liest du nicht gemütlich den *National Geographic*, der auf deinem Nachttisch liegt, und wartest ab, bis die gute Fee das Frühstück gezaubert hat.

Die gute Fee hat heute frei, und du schleichst dich leise raus, sagst den Kindern, dass sie nicht unentwegt vor der Schlafzimmertür Xylophon und Tischkicker spielen sollen, und schickst sie zum Bäcker. Dann deckst du den Tisch mit nur einer Sorte Geschirr und nimmst den Aufschnitt wenn möglich aus der Verpackung. Und wenn deine ausgeschlafene Liebste später hereinschwebt und glücklich haucht: »Oh, wie schön, ihr habt ja schon alles gemacht«, wirst du dich einfach großartig fühlen. Komm, du Pionier des Frühstückseis, probier es aus!

90. Nimm sie ganz fest in den Arm, wenn sie erschöpft nach Hause kommt

Es gibt Studien, die besagen, dass ein Neandertaler den ganzen Tag nicht so viel Stress hatte wie eine Frau von heute, die mit zwei kleinen Kindern an der Hand eine vierspurige Straße überqueren muss.

Wenn diese Frau, deren Bestreben es ist, den Nachwuchs sicher, gesund und musisch oder sportlich gefördert durchs Leben zu bringen, nun auch noch einer Arbeit nachgeht und darüber hinaus ein Zuhause haben möchte, in dem sie sich wohlfühlen kann, einen Kühlschrank, der mehr zu bieten hat als eine Flasche Bier und eine Dose Thunfisch in Tomatensauce, Freunde, für die sie sich Zeit nehmen will, und einen Mann, der nicht aufhören soll, sie zu lieben, kannst du dir vielleicht vorstellen, wie anstrengend das Leben heute für Frauen geworden ist.

Natürlich wollen die Evas von heute nicht zurück in die Steinzeit und den Rest ihrer Tage mit entspanntem Kuchenbacken verbringen, auch wenn es tatsächlich Einzelstimmen aus den eigenen Reihen gegeben haben soll, die dies als Heilsversprechen der Zukunft propagierten.

Aber einmal kurz durchschnaufen, sich fallen lassen und uns vom Mann an unserer Seite aufgefangen wissen – das wollen wir schon!

91. Sag grundsätzlich: Magst du einen Kaffee? Nicht: Machst du einen Kaffee?

Also – das nenn ich mal eine Lautverschiebung, bei der nicht nur ein Germanistenherz höher schlägt! Das sind eben genau die feinen semantischen Unterschiede, die von Frauen sehr genau registriert werden und die – lass es dir gesagt sein – einen ganz normalen Durchschnittsmann zu ihrem *personal hero* machen.

Ich meine »Machst du einen Kaffee?«, das klingt so nach: »Ich bin ein Mann, ich bin beschäftigt und hab jetzt eh keine Zeit für dich.«

»Magst du einen Kaffee?« hingegen ist so viel mehr als eine Frage. Es ist Zeit und Zuwendung. Mit diesem kleinen Satz sagst du deiner Liebsten: »Ich bin zwar dein Mann, aber wenn's drauf ankommt, kann ich auch dein bester Freund sein.«

92. Bleib souverän, wenn SIE kurz vorm Durchdrehen ist.

Es gibt so Tage im Leben einer Frau, da geht einfach alles schief.

Erst ist das Auto nicht angesprungen. Dann ist im Büro der Computer abgestürzt. Die Putzfrau hat abgesagt. Die Einkaufstüte ist gerissen, und die Sahne hat sich im Flur ergossen. Kind 1 heult, weil es Fieber hat und nicht *SpongeBob* gucken darf. Kind 2 schreit rum, weil bei seiner verdammten E-Gitarre schon wieder eine Saite gerissen ist. Das Essen – angebrannt. Die Zigarettenschachtel – leer.

Dann kommst du nach Hause, und die beste aller Ehefrauen steht vor dir mit zerzaustem Haar, irrem Blick und einem Tomatenfleck auf der Bluse und sagt:

»Ich kann nicht mehr.«

Dein erster Impuls: FLUCHT! Du möchtest raus aus diesem Horrorvideo und wünschst dir nur noch, ganz weit weg zu sein.

Stattdessen holst du einmal tief Luft, bewahrst die Ruhe und bringst Ordnung ins Chaos.

Schritt eins: Du schickst deine durchgeknallte Prinzessin mit den Worten »Du, liebe Claudia, legst dich jetzt erst mal hin, keine Widerrede! Ich kümmere mich hier um alles« ins Schlafzimmer.

Schritt zwei: Kind 1 wird mit einem Paracetamol-Zäpfchen und einem Donald-Duck-Heft ruhiggestellt. Kind 2 erhält unter Androhung schlimmster Strafe den Befehl, sein Geschrei unverzüglich einzustellen, die Sahne aufzuwischen, und wird dann mit fünf Euro und öffentlichem Verkehrsmittel in die Wüste geschickt, um sich seine blöde Gitarrensaite selbst zu kaufen.

Schritt drei: Du klopfst die angebrannte Pampe in die Restmülltonne, setzt den Topf unter Wasser und bestellst den Pizza-Service.

Dann steckst du kurz den Kopf durch die Sanatoriumstür, sagst: »Keine Sorge, ich hab alles im Griff«, und wirst als souveränster Mann aller Zeiten in die Geschichte eingehen.

93. Lass die Finger vom Au-pair-Mädchen

Hey, was soll denn das? Bist du wahnsinnig geworden? Das Au-pair-Mädchen ist für die Kinder da und nicht für dich! Mag ja sein, dass Magoscha aus Polen, die sich vorwiegend von Knäckebrot ernährt, unglaublich jung und hübsch ist und immer so reizend lächelt, wenn du sie ansiehst, aber du hast schon eine Frau, *remember*? Also, freu dich an dem schönen Bild, und lass es um Himmels willen dabei bewenden!!! *No risk, no fun?* Ich bitte dich. Werd erwachsen! Ein Mann von Geschmack weiß, wo seine Grenzen sind.

Und die sind in diesem Fall ganz klar dort, wo dein Schlafzimmer anfängt.

Über kurz oder lang wird das Au-pair mit einem netten Studenten über alle Berge verschwunden sein, und du sitzt dann möglicherweise mit deinen Frühlingsgefühlen und drei lärmenden Kindern allein in der Wohnung, weil deine Frau auf unbestimmte Zeit zu ihrer Freundin gezogen ist. Na, und wo ist jetzt der *fun*?

Also – schick die schöne Magoscha mit den Kindern in den Zoo, und mach einen Tanzkurs mit deiner Frau.

Sie wartet schon so lange drauf, und ihr werdet viel Spaß haben …

94. Hilf ihr aus der Patsche

Obwohl die meisten Frauen sehr gut organisiert sind und immer alles richtig machen wollen, geraten sie hin und wieder in zeitliche, emotionale oder finanzielle Probleme. Sie haben den Tag so vollgepackt, dass es gar nicht funktionieren kann, um 17 Uhr an der Tennishalle zu sein, um den Kleinen abzuholen. Sie haben im Überschwang der Gefühle eine Zusage gemacht, die sie eigentlich gar nicht halten können. Sie haben ihr Konto hoffnungslos überzogen, und jetzt kommt die Scheiß-EC-Karte nicht mehr aus dem Geldautomaten. Mit anderen Worten: *Full catastrophy*. Und dann kommt deine Drama-Queen zu dir gelaufen und heult:

»Ich weiß nicht, was ich machen soll.«

Okay, *Mr. Incredible*, jetzt trittst du auf den Plan. Deine große Stunde. SHOWTIME!

Andere Männer, die es nicht besser wissen, sagen in solch sensiblen Situationen dumme, überflüssige und herzlose Dinge.

Dinge wie: »Du kriegst es auch nie gebacken, was?«

Dinge wie: »Ich lüg doch nicht für dich! Sieh selbst zu, wie du klarkommst.«

Dinge wie: »Ja, ja, is' klar, Konto überzogen! Aber immer SchuhekaufenSchuhekaufenSchuhekaufen!«

Aber du, mein Freund, sagst so etwas nicht. Du lässt doch deine Kleine nicht im Regen stehen?! Nein, DU hilfst ihr aus der Patsche!

Ich meine, James Bond rettet die ganze Welt, da wirst du doch diese eine Frau retten können?

Du nimmst sie in den Arm. Und wartest, bis sie sich beruhigt hat. Dann sagst du: »Lass mich mal schauen, vielleicht kann ich den Kleinen abholen.« Oder: »Das kriegen WIR schon wieder hin. Soll ich mit deiner Mutter sprechen?« Oder: »Komm, schreib mir deine Kontonummer auf, ich regle das.«

UND PUNKT.

Keine Vorwürfe: »Du könntest dich auch mal besser organisieren.« Keine Drohungen: »Das ist das letzte Mal, dass ich meinen Kopf für dich hinhalte!« Keine blöden Kommentare: »Pass in Zukunft mal besser auf dein Geld auf.«

Überleg mal – würde James Bond seine Großtaten kommentieren? Niemals! Wahre Helden TUN es einfach. Und wenn deine Liebste dir außer sich vor Dankbarkeit und Erleichterung um den Hals fällt, sagst du einfach: »*My pleasure*. Gerne.«

Mann, ich bin vielleicht stolz auf dich!!!

Du bist GANZ groß. Du bist UNGLAUBLICH.

Quelle gloire énorme!

95. Schenk ihr das Cabrio

Mooooment! Du musst mir nicht gleich ins Gesicht springen und schreien: »Sonst noch was? Bin ich Onassis?!«

Nein, bist du nicht. Die wenigsten Männer sind das.

Aber alle Frauen haben ihren Spleen. Diese eine fixe Idee. Einmal im Leben wollen sie den Himmel berühren, sich fühlen wie über den Dächern von Nizza oder bei Tiffany's frühstücken. Einmal im Leben soll das Beste gut genug sein. Und, glaub mir, das Beste bleibt dann auch ein ganzes Leben gut genug – manchmal sogar noch lange nach deiner Zeit.

Jede Frau wird deiner mit verträumtem Blick gedenken, wenn du ihr diesen einen Herzenswunsch erfüllt hast.

Für die eine ist es der Alfa Spider. Für die andere die Prada-Handtasche. Der Mont-Blanc-Füller. Die Cartier-Uhr. Die 500-ml-Flasche von Chanel No 5. Der Diamantring aus dem Antiquitätenladen. Das Kleid von Dior. Die Schuhe von Versace.

Verstehst du, was ich sagen will? Es geht doch nicht darum, dass du dein sauer verdientes Geld jetzt jeden Monat verprassen sollst, um absurde Luxusgüter einzukaufen. Aber wenn du deine Liebste, die selbst weiß, dass der Preis für die Handtasche ihrer Träume einfach jenseitig ist, und die gerade betreten Abschied nehmen will von diesem Wahnsinnsteil, weil sie das Preisschild in der Innentasche gesehen hat, – also, wenn du diese Frau beiseitenimmst, sagst: »Wart mal einen Augenblick«, und sie dann quasi *überredest*, sich das Objekt ihrer Begierde von dir schenken zu lassen, dann wird sie sich besser fühlen als Grace Kelly und Audrey Hepburn zusammen. Das ist … mir fehlen die Worte … *outstanding*! Und glaub mir, ich weiß es aus Erfahrung: Manchmal kann *eine* Tat einen Mann zur Legende machen!

96. Sag ihr immer, dass sie eine gute Mutter ist …

Denn dieser Schulterklopfer ab und zu ist lebenswichtig.

Eine Mutter – und vor allem eine berufstätige Mutter – fragt sich nämlich ununterbrochen, ob sie alles richtig macht. Wenn das Kind nachts einmal hustet, fragt sie sich, ob die Daunenjacke vielleicht doch zu dünn war. Wenn es eine Fünf mit nach Hause bringt, denkt sie, dass man mehr hätte üben müssen. Wenn Computerspiele hoch im Kurs stehen, überlegt sie, ob ihr Kleiner auf dem besten Weg ist, ein Autist zu werden. Wenn alle anderen Mütter zum Schulfest eigenhändig gebackene Torten anschleppen und sie selbst es gerade mal geschafft hat, morgens den Marmorkuchen aus dem Supermarktregal zu reißen, hat sie ein schlechtes Gewissen. Wenn sie ihrem Sprössling *Jim Knopf* vorliest und nicht richtig bei der Sache ist, weil sie zeitgleich Einkaufslisten im Kopf erstellt, hat sie Schuldgefühle. Bei jeder Dose Ravioli, die sie aufmacht, steht schon die innere Stimme neben ihr und raunt mit strenger Stimme: »Ein Möhreneintopf wäre gesünder. Wo sind die Vitamine?« Und wenn diese Heldin des Alltags mit quietschenden Reifen vor der Kita hält, die eigentlich schon seit zehn

Minuten geschlossen hat, um den kleinen Max auszulösen, der als Einziger noch Bauklötze spielen muss, weil seine Mama nicht eher aus der Konferenz herauskam, fühlt sie sich wie eine Rabenmutter.

Ich meine, diese Frau gibt schon 150 Prozent. Mehr geht nicht. Und selbst, wenn die Kinder mal mit zwei verschiedenen Strümpfen aus dem Haus rennen, im Essen herummanschen oder noch immer keine Schleife binden können, ist sie die beste Mutter von allen.

Wenn deine Liebste also das nächste Mal wieder an sich selbst zweifelt, weil irgendeine andere Frau ihre Gören immer Punkt halb acht im Bett hat, sie nur aus ökologischem Anbau ernährt und sonntags mit ihnen in die Philharmonie rennt, wo es die *Zauberflöte für Kinder* gibt, stärk ihr den Rücken. Fass sie an den Schultern, sieh ihr in die Augen, und sag: »Also, ich finde, du bist eine tolle Mutter.«

97. ... aber sag ihr nie, dass sie WIE ihre Mutter ist

Egal, ob deine Frau ein entspanntes oder aufreibendes Verhältnis zu ihrer Mutter hat – keine Frau will WIE ihre Mutter sein. Zumindest will sie es nicht hören. Schon gar nicht von dir. Na ja, du musst selbst zugeben, dass solche Vergleiche meistens nicht als Kompliment gemeint sind. Ich meine, wenn der Krach mit deiner Liebsten seinem fulminanten Höhepunkt entgegensteuert und du noch nach einem richtig schweren Geschütz suchst, ist das doch der Satz, der sich dir aufdrängt, oder? Du schreist: »Du bist genau wie deine Mutter!«, und meinst »genauso stur«, »genauso schnell beleidigt«, »genauso kompliziert«, »genauso bescheuert«. Und Junge, Junge, das brauchst du nicht mal extra dazuzusagen! Die Botschaft ist angekommen und ist auch so schon beleidigend genug.

Merke: Man kann als Frau *aussehen* wie seine Mutter. Man kann genauso gut *kochen* oder ebenso gern *verreisen*. Man kann den *starken Willen* von ihr geerbt haben oder das *mitreißende Lachen*.

Aber SEIN wie sie? – Niemals!

Wir können jetzt lange darüber diskutieren, ob es

zwischen Töchtern und Müttern eine Art platonische Inzestschranke gibt, die jeden Vergleich verbietet. Aber das würde an dieser Stelle zu weit führen.

Mein Tipp: Streich diesen Satz einfach aus deinem Vokabular. Gib zu, du hörst es doch auch nicht gern, dass du »genauso wie dein Vater!« bist.

98. Mach's mit ihr am Nachmittag, bevor die Kinder von den Großeltern zurückkommen

Also, mein Freund, wenn ihr schon mal sturmfreie Bude habt, wirst du doch jetzt nicht hinter der *Frankfurter Allgemeinen Sonntagszeitung* verschwinden oder Sägearbeiten im Bastelkeller verrichten? Auch dein Rennrad kannst du irgendwann anders flicken. Und keiner wird dir böse sein, wenn du die Fernbedienung im Sofa liegen lässt. Alles zu seiner Zeit. Und jetzt ist definitiv die Stunde, deine Prinzessin in den Arm zu nehmen und ihr zu zeigen, dass sie für dich nicht nur eine tolle Mutter ist (das hast du übrigens gut gemacht!), eine patente Alltagsbegleiterin, sondern auch und immer wieder eine Frau!

Stell das Telefon auf Lautlos, lass das Honigschaumbad ein, massier ihr den Rücken mit Rosenöl, und flüstere ihr ins Ohr, dass du euer Lager schon bereitet hast …

Auch wenn es auf den ersten Blick recht unspektakulär klingt:

Liebe am Nachmittag hat einen ganz eigenen Zauber. Ich meine, wenn man abends endlich ins Bett geht, ist man meistens müde und hat zu viel gegessen oder getrunken. Wenn man morgens noch im Bett liegt, ist man verpennt, sieht zwanzig Jahre älter aus und hat noch nicht gefrühstückt.

Aber nachmittags? Wenn ein Mann und eine Frau nachmittags ins Bett gehen, tun sie das mit eindeutigen Absichten. Nämlich um der Liebe willen. *Make love! Faire l'amour! Amore!* Also, mein Verführer, worauf wartest du noch? Wie heißen die Schwestern von Fix und Foxi? Paxi und Fixi! Alles klar? Keiner wird euch hören. Keiner wird euch stören. Keine Schlafzimmertür, die sich leise quietschend öffnet. Keine Kinderstimme, die sagt: »Ich hab da grad so komische Geräusche gehört, Mama, geht's dir nicht gut?«

Nur ihr zwei. Die Stille. Und das Licht der Nachmittagssonne, das Kreise auf ihren kleinen (ganz kleinen!) Bauch malt, wenn sie danach mit einem wohligen Seufzer in deinem Arm liegt. Und sich überlegt, dass sie heute Abend ganz entspannt zwei Teller Spaghetti essen kann und lesen, bis das Licht ausgeht. Weil das Schönste schon hinter ihr liegt.

99. Schenk ihr ein Wochenende. Ein ganzes Wochenende nur für sie allein

Ist deine Liebste in letzter Zeit ziemlich reizbar? Sucht sie ständig Schlüssel, Portemonnaie und Brille? Kann sie nicht mehr darüber lachen, wenn die Kinder mit den Cornflakes Konfetti spielen? Starrt sie mit glasigem Blick gegen den Weichholzschrank in eurem Schlafzimmer? Steht sie seufzend vor dem Spiegel und untersucht Falten und Augenringe?

Dann, du bester aller Männer, mach ihr das kostbarste Geschenk, das man einer Frau heutzutage überhaupt machen kann. Nein, ich rede jetzt mal nicht von Diamanten und Designer-Klamotten. Ich rede von ZEIT.

Stell sie frei. Entlass sie aus der 24-Stunden-Verantwortung. Leg deine Hand auf ihr ganz persönliches Hamsterrad, und halt es an. TIME OUT!

Entweder packst du die Kinder und dich selbst ins Auto, fährst zu deiner Mutter oder auf den Ponyhof und überlässt deiner Prinzessin eine aufgeräumte, friedvolle Burg. Oder du übernimmst die Burg mit allen Verpflichtungen und schickst dein erschöpftes Dornröschen drei Tage nach Sansibar.

Du weißt nicht genau, wo das ist? Mein Lieber, Sansibar ist überall! Es kann das Wellness-Hotel um die Ecke sein oder die kleine gemütliche Pension am Meeresrand. Entscheidend ist eigentlich nur, dass deine Liebste an diesem Ort genau das tun und lassen kann, wonach ihr der Sinn steht, wenn endlich mal keiner etwas von ihr will. Nicht einmal DU. Wenn sie keine Fragen beantworten muss (»Mamaaa, sind Engel leichter als Luft?«) und auch keine stellen (»Hast du deine Busfahrkarte?«), außer der einen: Was möchte ICH jetzt?

Schlafen, lesen, schweigen, singen, denken, träumen, spazieren, in der Badewanne liegen, Musik hören, nichts tun …

Also, ich kann nur sagen: Wenn du deine Liebste wirklich glücklich machen willst, gönn ihr diese kleine Atempause vom Alltag. Okay – für dich sind es (unter Umständen) drei ziemlich harte Tage (und Nächte!), von denen du erst mal gar nichts hast. Für deine Frau ist es jene kleine Ewigkeit, die sie dann und wann braucht, um zu sich selbst zu finden, um die Seele baumeln zu lassen und zu spüren, dass sie noch da ist mit all ihren Träumen und Wünschen. Und der Sehnsucht nach dem einen Menschen, der – ich weiß es! – niemand anderer ist als du.

100. Versichere ihr, dass alles in Ordnung ist, wenn sie von unterwegs anruft

Also, damit eins klar ist: keine Katastrophenmeldungen am Telefon! Damit verdirbst du alles! Ich meine, du bist doch nicht etwa einer von diesen völlig unfähigen Miesepetern, die bereits erkranken oder im Chaos versinken, wenn die Herrin des Hauses gerade mal ein paar Stunden weg ist?

Warum sagst du dann Sachen wie: »Ach, mir geht es gar nicht gut. Ich fühl da so ein Kratzen im Hals.« Oder: »Wie soll's schon gehn, in diesem beschissenen Haushalt findet man ja nicht mal den Kaffee, geschweige denn die Unterwäsche für die Kinder!« Bravo! Wenn du ihr den Spaß so richtig verderben und sie in höchste Unruhe versetzen wolltest, hast du es damit geschafft! Da nützt dann auch das tollste Wellness-Wochenende nichts, und der Besuch bei der Freundin in Hamburg ist ebenso gelaufen wie die Tagung im Sauerland.

Ein Mann, der seine Frau liebt, macht keinen Stress am Telefon. Wirklich »frei« von allem ist deine Süße nämlich erst dann, wenn sie hört, dass an der *home front* auch ohne sie alles bestens läuft.

Und deswegen wirst du ihr genau das sagen. Ich

meine, du schmeißt doch gerade den Laden. Und zwar mit links. Und selbst wenn Frikadellenmachen doch viel länger dauert, als du eigentlich dachtest, die Kinder etwa zweihundertmal in dieser Nacht aufgestanden sind, weil sie noch was trinken wollten, der Hund das Meerschweinchen vom Nachbarn totgebissen hat und der Fußball das Küchenfenster fälschlicherweise für ein Tor hielt – wenn deine aushäusige Liebste anruft, sagst du gut gelaunt: »Alles in Ordnung, Schatz!« Mehr muss sie im Moment nicht wissen.

101. Hol sie mitten in der Nacht vom Zug ab

Ja, klar ist das kein Spaß, wenn man mitten in der Nacht aufstehen muss, wo es im Bett gerade so gemütlich ist. Und schließlich ist sie ja kein Kind mehr, und es gibt doch öffentliche Verkehrsmittel und Taxen, die einen zu jeder Tages- und Nachtzeit sicher und komfortabel transportieren. Aber darum geht es ja auch gar nicht.

Es geht doch nicht darum, *irgendwie* nach Hause zu kommen. Es geht darum, dass jemand am Bahnsteig steht und einen ERWARTET, wenn man erschöpft, aber glücklich ankommt. Jemand, der einen in die Arme schließt, wenn man in die dunkle Welt da draußen tritt. Jemand, der sagt, dass es schön ist, dass man wieder da ist. Jemand, der weder Tag noch Stunde kennt, wenn es um seine Frau geht.

Jemand wie DU!

Ein kleines Wort zum guten Schluss …

Mein Freund, dir gebührt an dieser Stelle meine ganze Hochachtung. Du hast dich wirklich tapfer geschlagen. Du hast durchgehalten. Du hast dieses Buch gelesen. Von A bis Z.

Manche Dinge wusstest du vielleicht schon, andere Dinge waren dir ganz neu. Manchmal hast du vielleicht gestöhnt: »Was denn noch alles?!« Und manchmal hättest du gute Lust gehabt, dieses kleine verdammte Ding in die Ecke zu feuern. Aber du hast es nicht getan. Obwohl du ein Mann bist. *Chapeau!*

Und du musst zugeben – am Ende hat sich doch alles gelohnt. Ich meine, kann ein Mann seine Zeit, sein Geld und seine Liebe besser investieren als in die Frau, mit der er leben will oder lebt?

Als Frau würde ich sagen: Nein.

Also, wenn es so etwas gäbe und ich es zu entscheiden hätte, würde ich dir jetzt den »Nobelpreis fürs Glücklichmachen« verleihen.

Natürlich nicht fürs Lesen, aber ich glaube an dich! Ich weiß, dass du alles richtig machen wirst. Weil du einfach ein toller Typ bist!

Ein kleiner Tipp am Schluss: Nimm dir nicht zu viel auf einmal vor. Ein, zwei Punkte am Tag – das reicht!

Wenn dir dieses Buch von deiner guten Fee aufs Kopfkissen gelegt wurde, kannst du ihr jetzt sagen, dass du alles gelesen und alles verstanden hast.

Wenn du es dir selbst gekauft hast (ich muss schon sagen, ich *bin* beeindruckt!), sagst du natürlich nichts, sondern fängst einfach an.

Deine Liebste muss nicht alles wissen – und das hier bleibt dann unser kleines Geheimnis.

Ich denk an dich!

Deine Trixi

What men say and what men do
Is a different pair of shoe

Trixi von Bülow
DER KLEINE
MÄNNERERKENNER
160 Seiten
ISBN 978-3-431-03693-0

Was meint ein Mann eigentlich, wenn er sagt »Ich ruf dich an!« oder »Ich bin noch nicht so weit« oder »Bei uns läuft schon seit Jaaahren nichts mehr«?
Trixi von Bülows handlicher, ehrlicher und höchst amüsanter Führer durch das männliche Universum wird Ihnen helfen, die Männer zu verstehen – und ihrer besten Freundin auch!
»Wenn ein Buch einen solchen Titel trägt, sollte man vorsichtig sein. Trixi von Bülow erkundet das Mysterium Mann. In allen üblichen Verhaltensweisen (erste romantische Begegnung, Ehe, Scheidung) werden die Jungs analysiert und kritisch unter die Lupe genommen – sei es die Deutung des stundenlangen Vor-sich-hin-Starrens oder Männer auf dem Beifahrersitz.« Kerstin Strecker / DIE WELT

Ehrenwirth